Partir en famille

BARCELONE

Sarah Parot

Ont également collaboré à la rédaction de cet ouvrage
Loïc Chauvin, Dominique Goldsztejn, Michèle Jouineau, Émilie Morin, Isabelle Petit, Cynthia Ruffine.

Les "parents" de la collection
Dominique Goldsztejn et Loïc Chauvin

La collection Partir en Famille est née d'une idée simple. Partant en virée à Londres avec leurs nièces, des jumelles curieuses et espiègles de 10 ans, Dominique Goldsztejn et Loïc Chauvin ont fait le constat qu'aucun guide ne répondait à leurs besoins pour organiser un séjour avec des enfants. À leur retour, ils ont décidé de créer ce qu'ils cherchaient. Grands voyageurs tous les deux, l'une pour des raisons professionnelles (directrice de la communication d'un groupe hôtelier international), l'autre par passion des voyages et de la photographie, ils ont uni leurs talents et se sont lancés dans l'aventure.

L'auteur Sarah Parot

Sarah Parot est française mais vit depuis 10 ans à Barcelone qui l'a séduite, au cours d'un échange universitaire, par son cadre de vie, sa culture et son dynamisme. Elle collabore régulièrement à la réalisation de guides touristiques sur l'Espagne, et notamment sur Barcelone qu'elle connaît dans ses moindres recoins.

L'illustratrice Lilibé

Lilibé est une artiste française qui vit à Londres. Elle partage sa vie entre son rôle de maman, son travail d'illustratrice et la tenue d'un blog très drôle (130cartons.com) qui dépeint la vie d'une maman française à Londres. Son talentueux coup de crayon illumine les pages du guide et celles du livret enfants.

TFBW EDITIONS

Conçu et réalisé par TFBW Éditions pour En Voyage Éditions

Maquette	François Loudenot, Mehdi Nachi, Christian Darde
Coordination éditoriale	Émilie Morin
Cartographie	Kamisphère
Contributions	Michèle Jouineau, Isabelle Petit, Amandine Laville, Cynthia Ruffine

Un grand merci à En Voyage Editions et plus particulièrement à Frédérique Sarfati-Romano pour sa confiance et à Didier Férat pour ses précieux conseils. Merci à toutes les bonnes fées qui nous ont encouragés et soutenus tout au long de ce magnifique projet (Catherine, Caroline, Constance, Elsa, Emmanuelle, Marie-Claude, Valérie et toutes les autres). Merci aussi à tous les charmants *niños* qui se sont prêtés à nos enquêtes sur place.

Entre la rédaction de cet ouvrage et sa parution, des adresses peuvent avoir disparu, des informations changer. N'hésitez pas à nous envoyer vos corrections et vos remarques à commentaires@tfbw.eu.

PARTIR EN FAMILLE BARCELONE

En Voyage Éditions | un département place des éditeurs

Direction Frédérique Sarfati-Romano
Direction éditoriale Didier Férat
Fabrication Céline Premel-Cabic

Imprimé par Laballery, Clamecy, France

1re édition © En Voyage Éditions - Avril 2013
12, avenue d'Italie - 75627 Paris Cedex 13
Tél. 01 44 16 05 00

Dépôt légal Avril 2013
ISBN 978-2-35219-117-9

Ça y est, c'est décidé, vous allez emmener votre couvée à Barcelone. Excellente idée ! Nous avons conçu ce guide pour être votre partenaire idéal au cours de cette escapade. Il s'adresse aussi bien aux adultes qu'aux petits globe-trotteurs. Musées, attractions, balades, jeux de piste, restaurants, goûters, pique-niques, shopping, hôtels… tout a été pensé et testé pour répondre aux besoins spécifiques d'une tribu en voyage.

Barcelone est une destination idéale pour un séjour en famille. Dans cette ville à taille humaine, la marche ou le vélo peuvent facilement remplacer le métro. La douceur du climat, autre avantage de taille, vous permettra de profiter pleinement de la ville avec vos loustics, et pourquoi pas aussi de la plage !

Ville de traditions et de gastronomie, Barcelone vous réserve de belles expériences en famille. Savourer tapas et paellas, découvrir le folklore catalan, participer aux fêtes locales : voilà autant de découvertes à partager avec vos *niños*.

Côté visites, vous pourrez alterner les musées avec de nombreuses activités en plein air. De la promenade féerique au Park Güell en passant par le spectacle de la fontaine magique, les balades en bateau ou les traversées en téléphérique, Barcelone offre une foule d'activités qui séduiront petits et grands !

On fait quoi aujourd'hui ? Quand est-ce qu'on mange ? Où est-ce qu'on dort ? On fait comment ? Ne cherchez plus, vous avez toutes les réponses entre les mains avec, en prime, un cahier de 24 pages de jeux pour vos lutins.

ALLEZ, HOP C'EST PARTI !

SOMMAIRE

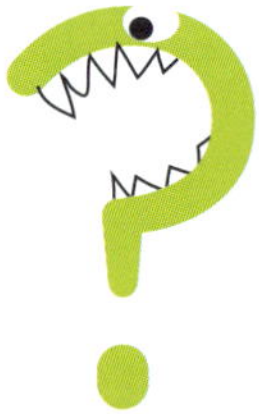

BARCELONE

Où Quand Comment

Un peu d'histoire

L'histoire de Barcelone se confond avec celle de la Catalogne, région convoitée par les Romains, les Wisigoths, les Maures et les Francs, avant d'être définitivement rattachée à l'Espagne. Digne de son surnom de "Ville des prodiges", attribué par l'écrivain Eduardo Mendoza, Barcelone a su se réinventer au cours des siècles jusqu'à devenir une incontournable destination européenne.

Barcino la Romaine

La Catalogne est habitée par les Ibères jusqu'à l'arrivée des Romains, qui fondent au Ier siècle av JC la ville de **Barcino**, future Barcelone. Peuplée à l'origine de seulement 1 000 habitants, Barcino est une cité prospère qui vit de la pêche et de la production de vin et d'olives. Durant cette période d'occupation, les Romains instaurent l'usage du latin (qui sera à l'origine de la langue catalane) mais aussi leur mode de vie, leur droit et leurs méthodes d'agriculture. Pour se protéger, ils édifient également de puissantes murailles dont il reste aujourd'hui encore des traces visibles dans le quartier du Barri Gòtic.

Les barbares
Le terme "barbare" vient du grec ancien *bárbaros* (qui veut dire "étranger"). Il désignait les peuples non grecs. Le terme "barbare" a ensuite été utilisé par les Romains. Pour les Grecs comme pour les Romains, tout "barbare" pouvait, en adoptant leur langue, leurs dieux et leurs mœurs, devenir grec ou romain. De nos jours, ce mot a pris un sens péjoratif qu'il n'avait pas à l'origine.

Barcelone wisigoth et arabe

Profitant du **déclin de l'Empire romain**, divers peuples barbares envahissent la Catalogne à partir du IIIe siècle Parmi eux, les puissants Wisigoths réussissent, au Ve siècle, à s'emparer de Barcelone qui devient alors la capitale de leur royaume. Avançant progressivement depuis le sud, les Maures chassent les Wisigoths et s'emparent de Barcelone en 714. Contrairement au sud de l'Espagne, qui restera sous domination musulmane pendant près de huit siècles, la présence arabe est de courte durée en Catalogne.

Barcelone carolingienne

Sous l'autorité de **Charlemagne**, roi des Francs, les Maures sont définitivement chassés de Catalogne au début du VIIIe siècle. Le territoire catalan est alors divisé en comtés qui se reconnaissent vassaux des Francs. Au IXe siècle, Guifred le Velu, comte de Barcelone, obtient l'indépendance de son comté et le droit de le léguer à ses descendants. Cet épisode marque la naissance de la Catalogne.

L'âge d'or catalan

L'alliance entre le comté de Barcelone et le royaume d'Aragon donne naissance à la **couronne d'Aragon**, qui entreprend rapidement la conquête de la Méditerranée. Au XIIIe siècle, les îles Baléares et la région de Valence sont annexées au royaume, ce qui explique pourquoi on parle aujourd'hui encore le catalan dans ces régions. À cette même époque, la promulgation des Usages de Barcelone, qui forment la base du droit catalan, et la création de la Generalitat (organisme chargé de récolter les impôts) asseyent l'autonomie catalane.

Le déclin catalan

Au XVe siècle, l'alliance par mariage entre le royaume de Castille et la couronne d'Aragon éloigne le pouvoir de Barcelone, tandis que la découverte de l'Amérique en 1492 déplace les échanges commerciaux vers l'Atlantique. Exclue de ce commerce florissant, la Catalogne doit, en outre, payer de lourds impôts au royaume de Castille. Le peuple se révolte contre l'autorité castillane lors de la guerre des Segadors, qui se termine par une **défaite des Catalans** en 1652.

Christophe Colomb

Bien qu'Italien, c'est au service des souverains espagnols, Isabelle de Castille et Ferdinand d'Aragon, que Christophe Colomb découvrit l'Amérique en 1492. Alors qu'il cherchait une nouvelle route plus courte vers les Indes, c'est la route entre l'Europe et le continent américain qui va le rendre célèbre. Il effectuera quatre voyages pour le compte des monarques espagnols.

Barcelone au XVIIIe siècle

Les ennuis continuent au début du XVIIIe siècle quand éclate la guerre de Succession. Philippe V, roi de Castille, attaque la Catalogne qui n'avait pas soutenu son couronnement. Après une résistance héroïque de plusieurs mois, **Barcelone capitule** le 11 septembre 1714 (désormais fête nationale catalane). Pour asseoir son autorité, Philippe V interdit l'usage officiel du catalan, impose le droit castillan et abolit la Generalitat. La Catalogne est désormais soumise à la monarchie espagnole.

Barcelone au XIXe siècle

Dès la fin du XVIIIe siècle, la Catalogne connaît un important **essor économique**, stimulé par l'ouverture du commerce avec l'Amérique à partir de 1778. L'arrivée de la première machine à vapeur à Barcelone en 1833 accélère l'industrialisation de la région, dont le secteur textile devient le moteur. La population augmente considérablement à cette époque, si bien que la ville devient vite trop étroite pour accueillir tout le monde. En 1859, l'urbaniste Ildefons Cerdà

imagine un plan d'extension en forme de quadrillage, qui permet de relier la vieille ville aux villages voisins : l'**Eixample**. La bourgeoisie catalane s'y installe et finance la construction de somptueux bâtiments issus du courant moderniste, dont **Gaudí** est le plus célèbre représentant. Deux Expositions universelles, en 1888 et 1928, achèvent la transformation de la ville avec l'aménagement du parc de la Ciutadella, du vieux port et de la colline de Montjuïc.

Barcelone sous la dictature

En 1936 éclate la **guerre civile espagnole**, qui oppose les nationalistes (partisans du général Franco) aux républicains. Barcelone devient le siège du gouvernement républicain et joue un rôle primordial dans la résistance contre les forces nationalistes. Pourtant, en 1939, elle tombe définitivement aux mains de **Franco**. C'est le début d'une dictature qui va durer plus de 35 ans. Le franquisme impose rapidemen l'autarcie à l'Espagne et la négation de l'identité catalane. Malgré cela, Barcelone profite de sa proximité avec la France pour s'imprégner de culture européenne.

Juan Carlos Ier
À la mort de Franco, l'Espagne devient une monarchie parlementaire avec un descendant direct de Louis XIV à sa tête : le roi Juan Carlos Ier. Il n'exerce pas de réel pouvoir sur la politique du pays mais ses discours sont très écoutés. En tant que chef suprême des forces armées espagnoles, son anniversaire est une fête militaire.

Le retour de la démocratie

En 1975, la mort de Franco marque le retour de la démocratie. La Catalogne obtient son statut d'**autonomie** et le catalan redevient la langue officielle

Les **jeux Olympiques de 1992** transforment le littoral barcelonais, avec l'aménagement de la Vila Olímpica. Cependant, le bouleversement n'est pas qu'urbanistique car ces jeux Olympiques vont surtout faire découvrir au monde entier une ville moderne et cosmopolite, dont les charmes avaient été passés sous silence par des années de dictature. Cette projection internationale se poursuit en 2002 avec la sortie du film *L'Auberge espagnole*, de Cédric Klapisch, dont le succès entraîne un engouement massif pour Barcelone.

Barcelone aujourd'hui

La Barcelone du XXIe siècle rayonne par sa culture, son dynamisme et sa créativité. Fidèle à son **identité catalane**, elle n'en reste pas moins un véritable melting-pot de cultures et d'influences, qui attire chaque année plus de 7 millions de visiteurs, dont bor nombre de francophones.

Vivre comme des Barcelonais

Les horaires, la façon de manger ou de faire la fête sont très spécifiques en Catalogne. Le temps de votre séjour, entrez dans la peau des Barcelonais en testant ces quelques habitudes locales.

Adopter les horaires espagnols

Vivre comme des Barcelonais, c'est tout d'abord adopter leurs horaires de repas. Déjeuner à partir de 14h, dîner autour de 21h, éventuelle petite sieste entre les deux.

Manger des tapas

Savoureuses, pas chères et conviviales, les tapas font partie inhérente à la culture espagnole. En Catalogne, elles sont servies sous forme de portions que l'on partage à plusieurs, pouvant même se substituer à un déjeuner. Les enfants vont adorer jouer à la dînette.

Faire la fête

Fêtes de quartier, patronales ou religieuses, toutes les occasions sont bonnes pour se réunir, toutes générations confondues. La fête est également synonyme de traditions : les *castells* (châteaux humains), les *correfocs* (diables munis d'une pique enflammée) et les *gegants i capgrossos* (géants et grosses têtes) sont présents à chaque célébration.

Profiter de la plage

Avec 5 km de plages, 2 ports et plus de 300 jours ensoleillés par an, Barcelone est entièrement tournée vers son littoral. Au programme : balades en rollers ou à vélo le long de la promenade maritime, baignade, bronzette, beach-volley ou paellas sur le port. Vous aurez l'embarras du choix !

Supporter le Barça

Si la corrida enflamme le sud de l'Espagne, les Catalans, eux, vibrent pour le football. Les soirs de match, les Barcelonais se retrouvent dans les bars pour suivre leur équipe de foot. L'effervescence est à son comble lors du fameux *Clásico* qui oppose le Barça au Real Madrid. Ces soirs-là, un seul mot d'ordre pour vous fondre dans la foule : *Visca Barça* (Vive le Barça) !

Traditions catalanes

À Barcelone et en Catalogne, vous allez découvrir des traditions profondes, des légendes ancestrales et un folklore varié qui imprègnent la culture locale et le calendrier des fêtes. Partons à leur découverte !

Le *caganer*

Depuis le XVIIe siècle, ce santon catalan prend ses aises dans les crèches de Noël. Coiffé de la traditionnelle *barretina* (béret catalan), ce curieux personnage est généralement placé au fond de la crèche, à moitié caché, et pour cause ! Il est représenté les fesses à l'air en train de faire ses besoins. Quel coquin !

Le *caga tió*

Voici un autre personnage incontournable des fêtes de Noël en Catalogne : le *Caga Tío*. Une petite bûche affublée de quatre pattes qui défèque de petits cadeaux et des *turrones* le soir de Noël.

Les Rois mages

En Espagne, ce sont les Rois mages qui se chargent de distribuer les cadeaux aux enfants. Tandis que le père Noël passe dans les foyers la nuit du 24 décembre, les rois mages n'arrivent que le 5 janvier. Au cours de cette journée, Melchior, Balthazar et Gaspard défilent dans toutes les rues, avant de se faufiler dans les maisons, la nuit tombée, pour déposer les cadeaux aux enfants.

Les *castells*

Les "châteaux humains" de Catalogne sont classés au patrimoine culturel immatériel de l'Unesco. Ce sport traditionnel remonte au XVIIIe siècle. L'objectif pour chacune des équipes est de bâtir une tour humaine de plusieurs étages, qui doit être à la fois haute et stable. Sur une solide *pinya* (socle humain) s'élève progressivement le château, pouvant atteindre jusqu'à 9 étages et variant en fonction des combinaisons. Le sommet est réservé aux enfants en raison de leur poids léger. Vêtus de leur costume traditionnel – pantalon blanc, chemise de couleur et ceinture enroulée autour de la taille *(faixa)* – les *castellers* s'affrontent régulièrement lors de concours et de fêtes locales.

La sardane

Il s'agit de la danse traditionnelle en Catalogne. Les danseurs forment un cercle fermé en se tenant par la main, alternant un homme et une femme dans la mesure du possible, et effectuent des pas courts et longs au rythme de la *cobla* (ensemble instrumental). On peut les voir devant la cathédrale de Barcelone le samedi à 18h30 et le dimanche à midi.

Les *correfocs*

Au cours de cette manifestation folklorique, des groupes de personnes déguisés en diables, dragons ou démons dansent au milieu de la foule sur des rythmes de percussions. Ils sont munis de feux d'artifice accrochés à une pique qu'ils agitent au milieu des participants, c'est pourquoi il est conseillé de se couvrir les cheveux et le visage pour éviter les brûlures.

Gegants i capgrossos

Les géants et les grosses têtes sont des personnages incontournables des fêtes catalanes. Ils défilent dans les rues au son des tambours lors des grandes célébrations. Fabriqués en carton-pâte, ils représentent des personnages liés à l'identité locale. Ainsi, chaque quartier de Barcelone et chaque village de Catalogne dispose de ses propres géants.

Sant Jordi

Patron de la Catalogne, Sant Jordi (saint George) est un personnage omniprésent dans la culture et l'imaginaire catalan. Une légende raconte qu'il y a bien longtemps, un terrible dragon semait la terreur dans un petit royaume catalan. Pour calmer la fureur de la bête, les habitants lui offraient chaque jour un agneau et une jeune fille choisie au hasard. Un jour, le sort désigna la fille du roi.

Alors que la princesse se rendait jusqu'à la grotte du dragon, résignée à être dévorée par la bête, elle rencontra en chemin un preux chevalier qui lui vint en aide : Sant Jordi. N'écoutant que son courage, le chevalier planta son épée dans le cœur du dragon. De son sang jaillit une rose rouge, qu'il offrit à la belle princesse. C'est pourquoi tous les ans, le 23 avril, jour de la Sant Jordi, les hommes offrent une rose rouge à leur bien-aimée.

Les jours fériés

À ces occasions, les musées ouvrent généralement leurs portes en matinée, sauf les 25 et 26 décembre et 1er janvier où ils sont pour la plupart fermés. Quant aux boutiques, centres commerciaux et supermarchés, ils sont fermés, sauf Maremagnum qui reste ouvert.

- **Nouvel An** (1er janvier)
- **Épiphanie** (6 janvier)
- **Divendres Sant** (Vendredi saint)
- **Lundi de Pâques**
- **Fête du Travail** (1er mai)
- **Lundi de Pentecôte**
- **Sant Joan** (Saint-Jean, 24 juin)
- **Assomption** (15 août)
- **Diada** (fête de la Catalogne, 11 septembre)
- **Fête de la Mercè** (24 septembre)
- **Fête nationale de l'Espagne** (12 octobre)
- **Tots Sants** (Toussaint, 1er novembre)
- **Jour de la Constitution** (6 décembre)
- **Immaculée Conception** (8 décembre)
- **Nadal** (Noël, 25 décembre)
- **Sant Esteve** (26 décembre)

Barcelone en fêtes

Tout au long de l'année, de nombreux événements, fêtes et festivals viennent rythmer le calendrier de Barcelone. De la traditionnelle *festa major* aux célébrations populaires ou religieuses, les occasions ne manquent pas de faire la fête en famille. Voici notre sélection d'événements incontournables.

5 janvier – Cavalcada de Reis

C'est le grand défilé des Rois mages qui débarquent de leur bateau vers 17h au niveau du Moll de la Fusta, sur le vieux port de Barcelone. Ils parcourent ensuite les rues de la ville sur leur char, en offrant des bonbons aux enfants sages (pas moins de 12 tonnes de bonbons sont distribuées pour l'occasion !).

12 février – Festes de Santa Eulàlia

Fête patronale d'hiver en l'honneur de sainte Eulalie. À cette occasion sont organisés des défilés de *gegants* dans les rues de la vieille ville, mais aussi des spectacles de sardanes, *correfocs* et *castells* (p. 12).

Mi-février – Carnaval de Sitges

Pendant quatre jours, les rues de Sitges se remplissent de carrosses, de musique et de danse. Les défilés pour les enfants ont lieu vers 15h et sont suivis d'un grand bal pour petits et grands.

3 mars – Sant Medir

Procession en l'honneur de Sant Medir dans le quartier de Gràcia. En réalité, il s'agit surtout d'une fête pour les enfants, puisqu'à cette occasion des dizaines de chars lancent sur leur passage une pluie de bonbons ! Prévoyez de bonnes chaussures car le sol est très collant à cause des milliers de bonbons tombés par terre.

Mars (date variable) – Rallye de voitures d'époque

Depuis plus de 50 ans, ce rallye international est l'occasion d'admirer de somptueuses voitures d'époque, fabriquées avant 1928, qui se rendent de Barcelone à Sitges pour le plus grand plaisir des amateurs et des curieux.

Fin avril-début mai – Feria de Abril

Pendant une dizaine de jours, la culture andalouse est à l'honneur dans le Parc del Fòrum de Barcelone. Près d'une centaine de stands proposent tapas et spectacles de flamenco. Un parc d'attractions est prévu pour les enfants.

23 avril – Diada de Sant Jordi

C'est le jour de la fête du Saint patron de Catalogne, qui coïncide avec la fête du livre. Les rues de la ville se remplissent de marchands de roses et de stands de livres, en particulier sur le Passeig de Gràcia et la Rambla. Comme le veut la tradition, les hommes offrent ce jour-là une rose aux femmes, qui en retour leur offrent un livre (p. 13).

Mi-mai-mi-septembre – Festa Catalana

Durant l'été, le samedi à 19h30, la culture catalane est à l'honneur avec *castells* et défilés de *gegants* sur la place de la cathédrale.

Juin (date variable) – Corpus Christi de Sitges

Lors des célébrations du Corpus Christi (Fête-Dieu), les rues de Sitges se couvrent de tapis de fleurs élaborés avec des pétales d'œillets.

Nuit du 23 au 24 juin – Revetlla de Sant Joan

Lors de cette "veillée" de la Saint-Jean, des milliers de personnes se retrouvent sur la plage pour organiser des événements et lancer des feux d'artifice. À cette occasion, on déguste la *coca de Sant Joan*, un gâteau rectangulaire couvert de fruits confits.

Mi-août – Festa Major de Gràcia

Fête traditionnelle du quartier de Gràcia. Pour l'occasion, les rues sont entièrement décorées par les associations de voisins. Certaines sont de véritables œuvres d'art. Concerts, sardanes, *castells* et défilés de géants sont au programme.

Fin août – Festa Major de Sants

Juste après Gràcia, c'est au tour du quartier de Sants de célébrer sa *festa major*. La programmation inclut de nombreuses activités pour les enfants (ateliers, jeux, spectacles, etc.).

Autour du 24 septembre – La Mercè

Pendant quatre jours, à l'occasion des fêtes patronales, Barcelone vit au rythme des *correfocs*, défilés de géants et grosses têtes, *castells* et feux d'artifice. En parallèle, le Festival BAM programme des concerts gratuits dans le centre-ville.

Décembre (date variable) – Sonar Kids

Festival de musique électronique et expériences créatives pour petits et grands. Il est célébré en décembre au CosmoCaixa, mais aussi en été (vers la mi-juin) au MACBA.

Décembre – Fira de Santa Llúcia

Grand marché de Noël installé pendant tout le mois sur la place de la Cathédrale. L'artisanat y est à l'honneur, en particulier le traditionnel *Caganer* et le *Caga Tió* (p. 12).

TI
BI
DA
BO

On fait quoi aujourd'hui ?

Entre mer et montagne, Barcelone s'étend sur 100 km². La ville est divisée en 10 districts, eux-mêmes fragmentés en 73 quartiers. Pour vous aider à vous repérer facilement, nous avons adopté un découpage en 6 zones articulé autour des principaux sites touristiques. Les bords de mer chuchotent à l'oreille des hauteurs de Monjuïc, tandis que le Barri Gòtic et Ribera forment un hypercentre palpitant de vie. Plus au nord, la bohème de Gràcia fait écho à la féerie du Park Güell.

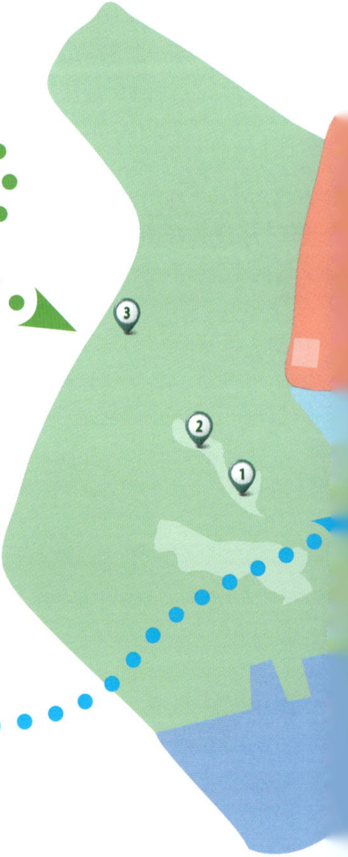

Montjuïc et Les Corts

1. Museu Nacional d'Art de Catalunya (MNAC) (p. 51)
2. Poble Espanyol (p. 54)
3. Camp Nou (p. 57)

Barri Gòtic et Raval

1. La Rambla (p. 26)
2. Museu d'Història de la Ciutat de Barcelona (MUHBA) (p. 30)
3. Palau Güell (p. 32)

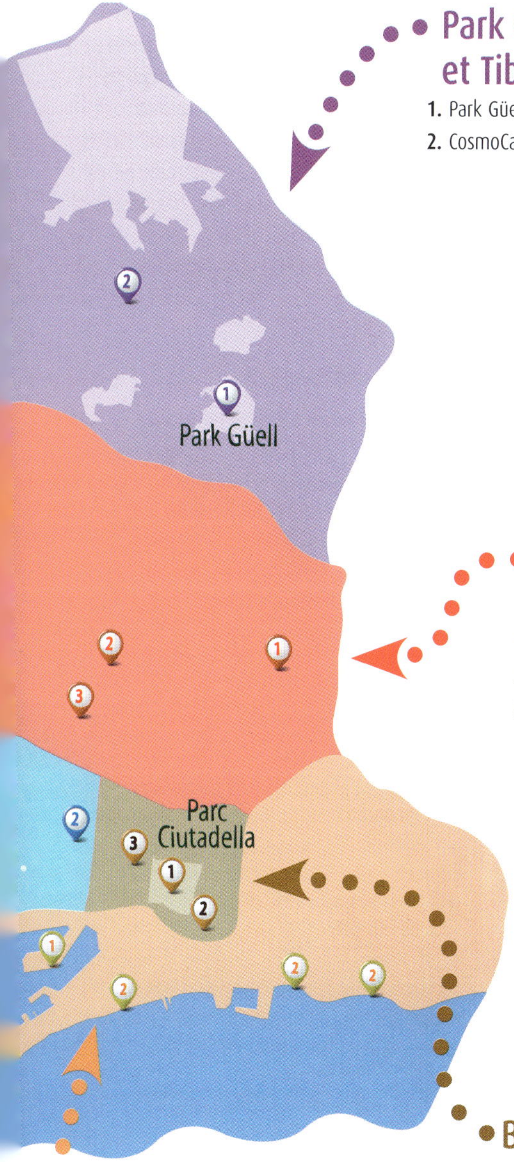

Park Güell et Tibidabo

1. Park Güell (p. 66)
2. CosmoCaixa (p. 70)

Eixample et Gràcia

1. Sagrada Família (p. 42)
2. La Pedrera (p. 43)
3. Casa Batlló (p. 47)

Born et Ribera

1. Parc de la Ciutadella (p. 39)
2. Zoo de Barcelona (p. 39)
3. Museu de la Xocolata (p. 38)

Port et Littoral

1. Aquàrium de Barcelona (p. 58)
2. Plages (p. 64)

Pour visiter Barcelone, les options sont innombrables. Nous vous proposons plusieurs idées de parcours. Ni trop courts, ni trop longs, ils alternent visites, moments de détente et pauses gourmandes. Les visites “sérieuses“ sont programmées le matin, tant que les esprits sont encore frais ! Les parcours sont réalisables à pied, sauf lorsque les transports constituent une attraction en soi (téléphérique, funiculaire, bateau).

Nos parcours

Parcours n° 1

Découverte de la zone du vieux port en matinée avec la visite de l'aquarium, promenade en bateau après le déjeuner et flânerie sur les Ramblas pour terminer la journée !

• **10h** • On commence cette journée au pied du monument de **Christophe Colomb**, tout en bas des Ramblas. Si l'ascenseur est ouvert (il était fermé pour de longues réparations lors de la rédaction de ce guide), vous pourrez grimper jusqu'au sommet du monument, à 60 m d'altitude, pour profiter du panorama sur la vieill ville et la mer. Face à vous se trouve la zone du **Port Vell** (vieux port de Barcelone). Empruntez la passerelle flottante qui permet d'accéder au complexe de loisirs **Maremagnum** (p. 118), où se trouve l'**Aquàrium.**

• **11h** • Visite de l'**Aquàrium** (p. 58). Vos loustics pourront y voir d'immenses requins flotter au-dessus de leur tête : sensations fortes garanties… mais en toute sécurité, rassurez-vous !

• **12h30** • Déjeuner dans le complexe **Maremagnum**, où vous n'aurez que l'embarras du choix (p. 118).

• **13h30** • Pendant que maman profite des boutiques, papa pourra se dévouer en emmenant jouer les enfants au **Bubble Parc** (p. 62).

• **14h30** • Traversez à nouveau la passerelle pour rejoindre les quais. Vous y apercevrez la flotte de la compagnie **Las Golondrinas** (p. 59) qui propose des excursions dans le port à bord d'un très joli bateau en bois. Parfait pour un moment de détente tout en profita du paysage.

• **16h30** • Remontez tranquillement les **Ramblas** en observant les mimes, les peintres et les statues vivantes qui animent cette emblématique promenade. Pour le goûter, ne manquez pas la délicieuse **pâtisserie Escribà** (p. 98) et sa belle façade moderniste. Vous pourrez aussi faire un petit tour au **Mercat de la Boquería** (p. 119) pour acheter un jus de fruits fraîchement pressé.

• **17h30** • Si vos petits ne sont pas trop fatigués, vous pourrez terminer la journée par une petite séance de lèche-vitrines dans les rues commerçantes de **Portaferrissa**, **Portal del Angel et Pelai**, toutes situées dans un périmètre de 5 min à pied.

Parcours n° 2

Un parcours à travers le Parc de la Ciutadella et le quartier du Born pour partir à la rencontre des animaux du zoo de Barcelone, faire un tour en barque et dévorer des yeux le musée du Chocolat.

• **10h** • Début de la journée avec la visite du **zoo de Barcelone** (p. 39). Vos pitchouns ne sauront probablement plus où donner de la tête entre les lions, les éléphants, mais aussi le spectacle de dauphins ou les promenades à dos d'âne. Vous pouvez donc compter trois bonnes heures pour la visite.

• **13h** • Pique-nique dans les jardins du **parc de la Ciutadella** (p. 39). Prévoyez pour cela des sandwichs achetés dès le matin, car il y a peu d'options dans l'enceinte du parc. Après le repas, petite sieste à l'ombre des arbres, balade en barque sur le lac, espaces de jeux. Vous aurez de quoi occuper agréablement vos bambins !

• **15h** • Sortez du parc côté Passeig Picasso pour rejoindre le **Museu de la Xocolata** (p. 38), situé à 2 min à pied. Une visite rapide et ludique pour tout savoir sur le chocolat.

• **16h30** • C'est l'heure du goûter ! À deux pas du musée du Chocolat se cache une super adresse pour les familles : le **Bar del Convent** (p. 99). Pendant que vous vous détendez en terrasse, vos petits pourront jouer et courir dans l'ancien cloître.

• **17h** • Pour terminer la journée en beauté, flânez dans les ruelles du **Born** qui regorgent de jolies boutiques. Vous pourrez admirer en chemin les palais médiévaux de la **Carrer Montcada** et la splendide façade moderniste du **Palau de la Música Catalana** (p. 41).

Parcours n° 3

Une escapade dans les hauteurs de la ville pour profiter d'un panorama splendide, puis l'occasion pour vos petits de faire le plein de découvertes au musée des Sciences et de s'amuser dans le parc du Tibidabo.

• **10h** • On commence la journée par la visite du musée des sciences **CosmoCaixa** (p. 70) pour faire des expériences, découvrir le cosmos en 3D et voir de véritables anacondas ! Le musée est grand et les activités nombreuses, vous pouvez donc compter au moins 2h pour la visite.

• **12h30** • À la sortie du musée, sur l'Avinguda del Tibidabo, le **Tramvia Blau** vous attend pour parcourir 1 300 m vers les hauteurs du **Tibidabo** (3 € le trajet). Construit en 1901, ce joli tramway bleu est une véritable pièce de collection. En chemin, ouvrez grand les yeux : vous verrez de très belles maisons modernistes tout au long du trajet.

• **13h** • Le tramway vous dépose sur la **Plaça del Doctor Andreu**. Vous y trouverez plusieurs options pour le déjeuner, mais nous vous conseillons d'opter pour le restaurant **Mirablau** qui offre un splendide panorama.

• **14h30** • Après le repas, toujours sur la **Plaça del Doctor Andreu**, grimpez dans le **funiculaire du Tibidabo** qui vous conduira jusqu'au parc d'attractions en quelques minutes. Vous voici maintenant à 500 m d'altitude au-dessus de la mer, le panorama est époustouflant !

• **15h** • C'est parti pour un après-midi de jeux dans le **parc d'attractions du Tibidabo** (p. 72). Pour le goûter, vous n'aurez que l'embarras du choix sur place entre les cafétérias, les glaciers et les kiosques à bonbons.

• **18h** • Pour retourner rapidement dans le centre, prene le **Tibibús** (2,80 € le trajet) qui vous conduira jusqu'à la **Plaça de Catalunya** en 20 min environ.

Parcours n° 4

Visite de la fondation Miró et pique-nique dans les jardins de Montjuïc avant de rejoindre le littoral en téléphérique. Quartier libre l'après-midi avec baignad jeux sur la plage et balade le long de la promenade maritime.

• **10h** • Matinée sur la colline de **Montjuïc**, où vous

découvrirez l'univers onirique du peintre catalan Joan Miró en visitant la **Fundació Miró** (p. 55).

• **12h** • En sortant du musée, suivez l'**avenue Miramar** pour rejoindre le téléphérique (5 min de marche). Vous verrez en chemin plusieurs buvettes qui permettent de déjeuner en plein air tout en profitant du panorama. Si vous avez fait des provisions, installez-vous dans les jardins environnants pour un pique-nique au grand air. Les **jardins Joan Brossa** (face au funiculaire) abritent une aire de jeux pour enfants.

• **14h** • Grimpez dans le **Transbordador aeri** (p. 62), un téléphérique qui parcourt 1 300 m en quelques minutes, à 78 m de hauteur ! Il vous déposera à proximité de la plage.

• **14h30** • Sortez les serviettes, c'est l'heure de profiter de la **plage** ! Installez-vous de préférence au pied de l'hôtel W (en forme de voile, immanquable), un coin plutôt tranquille et propre, à 3 min à pied en sortant du téléphérique.

• **17h** • Pour le goûter, une glace s'impose ! Flânez le long de la **promenade maritime** où les glaciers abondent. Continuez la balade en bord de mer jusqu'au **port olympique**, où se concentrent les restaurants à la mode, les bateaux de luxe et le casino. Le coin est toujours très animé !

Et s'il pleut

À Barcelone, il fait généralement beau temps. Si bien que lorsqu'il se met à pleuvoir, on croirait presque que c'est la fin du monde ! Dans ce cas, pas de panique, Barcelone vous réserve bien d'autres activités que ses plages et ses terrasses ensoleillées.

Pour occuper vos pitchouns, pensez aux musées. Le **CosmoCaixa** (p. 70) devrait les occuper pendant plusieurs heures, avec ses nombreuses salles d'expositions, son planétarium et ses animaux de la jungle.

C'est le cas également du **Museu Nacional d'Art de Catalunya** (p. 63), un immense musée qui retrace l'histoire de l'art depuis le roman jusqu'aux avant-gardistes, de quoi distraire toute la famille pendant une bonne demi-journée. De plus, vous trouverez dans le livret réservé aux enfants un **"Jeu au MNAC"** (p. 51) pour rendre cette visite encore plus amusante.

Autre option intéressante : une virée dans le complexe de loisirs **Maremagnum** (p. 118), qui abrite l'**Aquàrium** (p. 58), un cinéma Imax, des boutiques et des restaurants, le tout à l'abri des gouttes de pluie !

Le mauvais temps est également un bon prétexte pour une journée shopping. Un bus partant du centre de Barcelone vous conduira à **La Roca Village** (p. 118) en 40 min de trajet, véritable village où sont regroupés les stocks des grandes marques de la mode pour homme, femme et enfant.

Barcelone pour tous les goûts

Que vos canailles soient de petits puits de science, des archéologues en culottes courtes, des artistes en herbe ou simplement des enfants curieux, ils trouveront à Barcelone de quoi s'éclater. Et vous aussi, par la même occasion !

Pour les futurs historiens

- Le **Museu d'Història de la Ciutat de Barcelona**, pour voir des vestiges romains (p. 30)
- Le **Museu Egipci**, sur les traces des momies (p. 48)
- Le **Museo del Mamut**, pour devenir incollable sur l'âge de glace (p. 35)
- Le **Museu d'Història de Catalunya**, pour enfiler une armure de chevalier (p. 63)

Pour les artistes en herbe

- Le **Museu d'Art Contemporani de Barcelona** (MACBA), pour l'art moderne (p. 33)
- La **Fundació Miró**, pour le surréalisme (p. 55)
- Le **Museu Nacional d'Art de Catalunya** (MNAC), pour l'art roman (p. 51)
- Le **Museu Picasso**, pour découvrir les œuvres de jeunesse du grand Pablo Picasso (p. 34)

Pour les futurs architectes

- La **Sagrada Família** et sa forêt de colonnes (p. 42)
- La **Pedrera** et ses étonnantes cheminées en forme de guerriers (p. 43)
- La **Casa Batlló** et ses balcons semblables à des squelettes (p. 47)
- Le **Palau Güell**, un superbe palais moderniste (p. 32)

- Le **Palau de la Música Catalana** et sa façade de mosaïques (p. 41)

Pour les petits scientifiques

- Le **CosmoCaixa**, pour comprendre la nature (p. 70)
- Le **Jardí Botànic** et sa multitude d'espèces végétales (p. 56)

Pour se mettre au vert

- Le **Park Güell**, tout droit sorti d'un conte de fées (p. 66)
- Le **parc de la Ciutadella**, pour faire un tour en barque (p. 39)
- Le **Parc de la Creueta del Coll**, pour piquer une tête dans son lac artificiel (p. 70)

Pour les fans de football

- Le **Museu FC Barcelona**, pour tout savoir sur l'histoire du Barça et voir le mythique Camp Nou (p. 57)

Pour les intrépides

- Le **Transbordador aeri**, pour avancer dans les airs à 78 m de hauteur (p. 62)
- Le **parc du Tibidabo**, pour faire des tours à 360° (p. 72)
- Le **Port Aventura**, pour grimper à bord de la plus haute montagne russe d'Europe (p. 76)

Pour les curieux en tous genres

- Le **Museu Frederic Marès** et son cabinet du collectionneur (p. 27)
- Le **Museu d'Idees i Invents**, pour découvrir de folles inventions (p. 31)
- Le **Museu de Cera**, pour voir des reproductions en cire de personnages historiques et de célébrités (p. 32)
- Le **Museu de la Xocolata**, pour tout savoir sur le chocolat sans faire d'indigestion (p. 38)
- Le **Poble Espanyol**, réplique grandeur nature de villages espagnols (p. 54)
- Les **Ramblas**, pour admirer ses nombreux artistes de rue (p. 26)

Pour les amis des animaux

- Le **zoo** de Barcelone, pour ses animaux sauvages et son spectacle de dauphins (p. 39)
- L'**Aquàrium** de Barcelone, pour voir passer des requins au-dessus de vos têtes (p. 58)

Le centre historique s'étend de part et d'autre de la Rambla. Côté droit, vous plongerez dans les ruelles mystérieuses du Barri Gòtic où se mêlent vestiges romains, palais médiévaux et joyaux gothiques. Côté gauche, vous découvrirez l'ambiance cosmopolite du Raval, refuge d'artistes, d'étudiants et d'immigrés. Entre les deux, la Rambla déroule sa longue promenade animée nuit et jour, où convergent les visiteurs venus du monde entier.

Poser avec les statues vivantes

de la Rambla

Tous âges **Véritable théâtre de rue, cette promenade longue de 1 200 m est animée par des statues vivantes, des artistes, des fleuristes, etc.**

Ponctuée de dizaines de statues vivantes, la Rambla est un spectacle en soi, pour petits et grands. On y croise, selon l'occasion, des monstres effrayants, des bêtes fantastiques, des cowboys, des chevaliers et des princesses venues de lointains horizons. Moyennant une petite pièce, les statues s'animent et prennent la pose aux côtés de leur public généreux.

Située à l'emplacement d'un ancien torrent, la Rambla est depuis le XVe siècle le rendez-vous des badauds. Elle est divisée en 5 parties, c'est pourquoi on parle souvent des "Ramblas", au pluriel. Le long de la promenade, on croise tour à tour des kiosques à journaux, des marchanc de fleurs et des peintres de rues.

La **fontaine de Canaletes**, dans la partie haute de la Rambla, est le rendez-vous des supporters du Barça lors des victoires du club. Le **Mercat de la Boqueria** (p. 119), situé un peu plus bas, est le plus grand marché de la vill Sous une structure moderniste, ses centaines de petits étals sont un spectacle de couleurs et d'odeurs.

Inauguré dans la première moitié du XIXe siècle, le **Gra Teatre del Liceu** est l'un des opéras les plus prestigieu d'Europe. Bombardé par un anarchiste en 1893 puis entièrement brûlé à deux reprises, il semble soumis à une malédiction. Pourtant, à chaque fois, de riches Barcelonais ont financé sa reconstruction pour continu à profiter de sa programmation.

La Plaça Reial

En Espagne, la plaza mayor est un lieu indispendable à la vie urbaine : on s'y rencontre et on s'y délecte du spectacle des passants depuis une terrasse de café. À Barcelone, cette "grand-place" se situe près de la Rambla mais porte le nom de Plaça Reia. Observez les réverbères. Ils sont surmontés d'un dragon et ont été dessinés par Gaudí.

La Rambla prend fin au niveau du monument dédié à Christophe Colomb, face au vieux port de Barcelone, mais vous pouvez prolonger votre promenade en empruntant la Rambla de Mar, une passerelle en bois qui surplombe le port et conduit jusqu'à la mer.

M Catalunya, Liceu, Drassanes ON Y VA ! ☐

Observer les gargouilles

de la Catedral de la Santa Creu i Santa Eulàlia

Tous âges **Cette belle cathédrale de style gothique est ornée de gargouilles amusantes à observer. Le cloître vaut le détour pour ses étonnantes "gardiennes" !**

Lions, éléphants et animaux fantastiques ornent les façades de la cathédrale de Barcelone. Ces curieuses sculptures, appelées **gargouilles**, servent à évacuer l'eau de pluie des toitures. Les plus beaux exemples se trouvent sur la façade ouest où se cache notamment une **jolie licorne**. Construite entre les XIIIe et XVe siècles, la cathédrale est aussi un important lieu de rencontres et d'événements. Sur sa grande place, les danseurs de sardane (danse traditionnelle catalane) se retrouvent, le samedi à 18h30 et le dimanche à midi, pour perpétuer la tradition et offrir un spectacle gratuit. C'est ici aussi que se tient un marché de Noël, tout au long du mois de décembre.

Plaça de la Seu • M Jaume I • catedralbcn.org • 933 428 260 • lu-ve 8h-12h45, 17h15-19h30, sa 8h-12h45, 17h15-20h, di 8h-13h45, 17h15-20h • gratuit ON Y VA ! ☐

Des oies dans une cathédrale

Dans le cloître de la cathédrale, une surprise vous attend : un groupe de 13 oies s'y promène tranquillement. L'origine de leur présence demeure mystérieuse, mais la tradition raconte qu'elles rendent hommage à sainte Eulalie qui aurait subi un total de 13 martyres.

Entrer chez Ali Baba

au Museu Frederic Marès

A partir de 5 ans **Véritable caverne d'Ali Baba, ce musée abrite toutes sortes de collections : soldats de plomb, éventails, pipes, timbres...**

Réparti sur plusieurs étages, cet immense musée doit son nom au sculpteur catalan Frederic Marès, qui fit don de ses collections et de certaines de ses œuvres

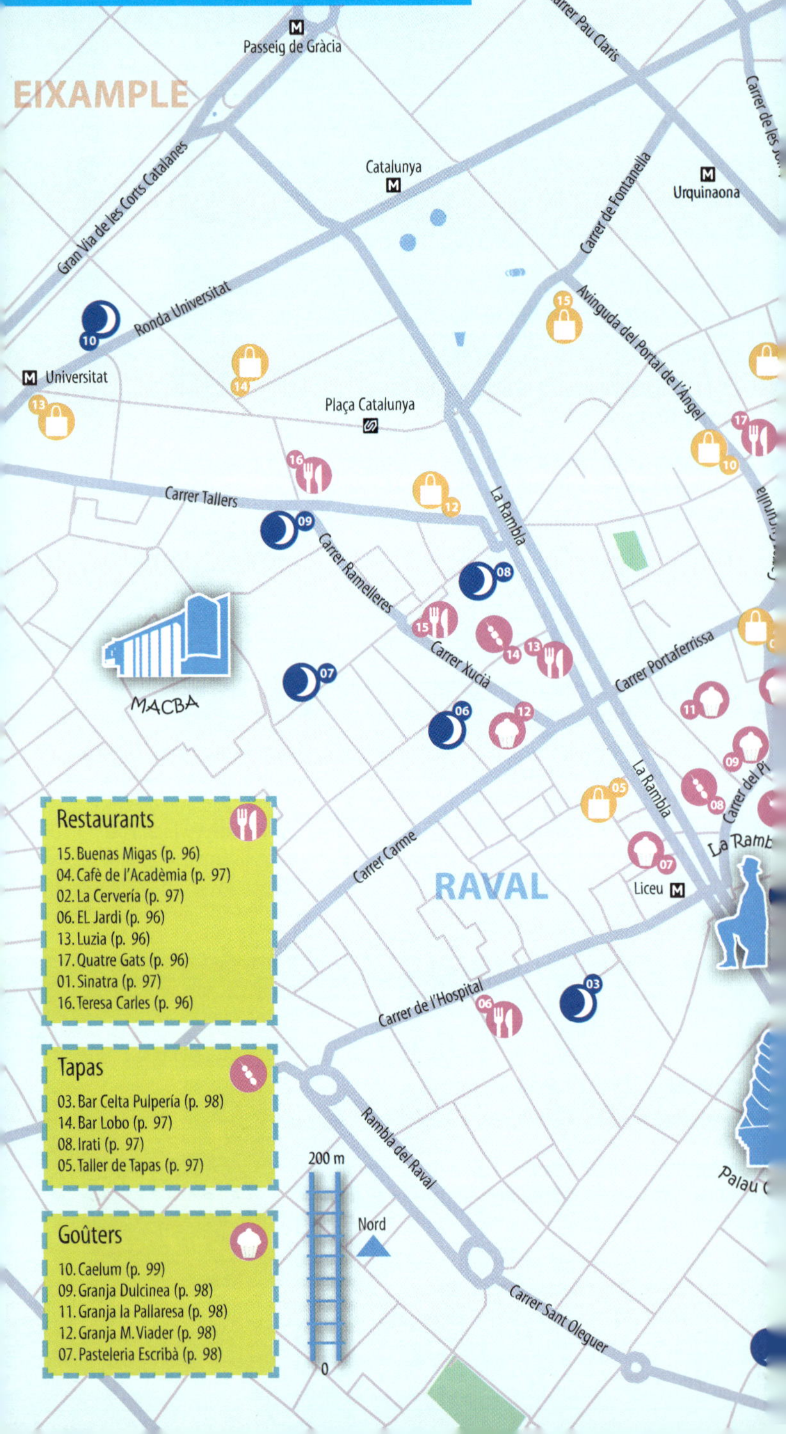
EIXAMPLE
Passeig de Gràcia
Carrer Pau Claris
Gran Via de les Corts Catalanes
Catalunya
Urquinaona
Carrer de Fontanella
Ronda Universitat
Universitat
Avinguda del Portal de l'Àngel
Plaça Catalunya
Carrer Tallers
La Rambla
Carrer Ramelleres
Carrer Xucià
Carrer Portaferrissa
MACBA
Carrer del Pi
La Rambla
Carrer Carme
RAVAL
Liceu
Carrer de l'Hospital
Rambla del Raval
Carrer Sant Oleguer
200 m
0
Nord
Restaurants
15. Buenas Migas (p. 96)
04. Café de l'Acadèmia (p. 97)
02. La Cervería (p. 97)
06. EL Jardi (p. 96)
13. Luzia (p. 96)
17. Quatre Gats (p. 96)
01. Sinatra (p. 97)
16. Teresa Carles (p. 96)
Tapas
03. Bar Celta Pulpería (p. 98)
14. Bar Lobo (p. 97)
08. Irati (p. 97)
05. Taller de Tapas (p. 97)
Goûters
10. Caelum (p. 99)
09. Granja Dulcinea (p. 98)
11. Granja la Pallaresa (p. 98)
12. Granja M. Viader (p. 98)
07. Pasteleria Escribà (p. 98)

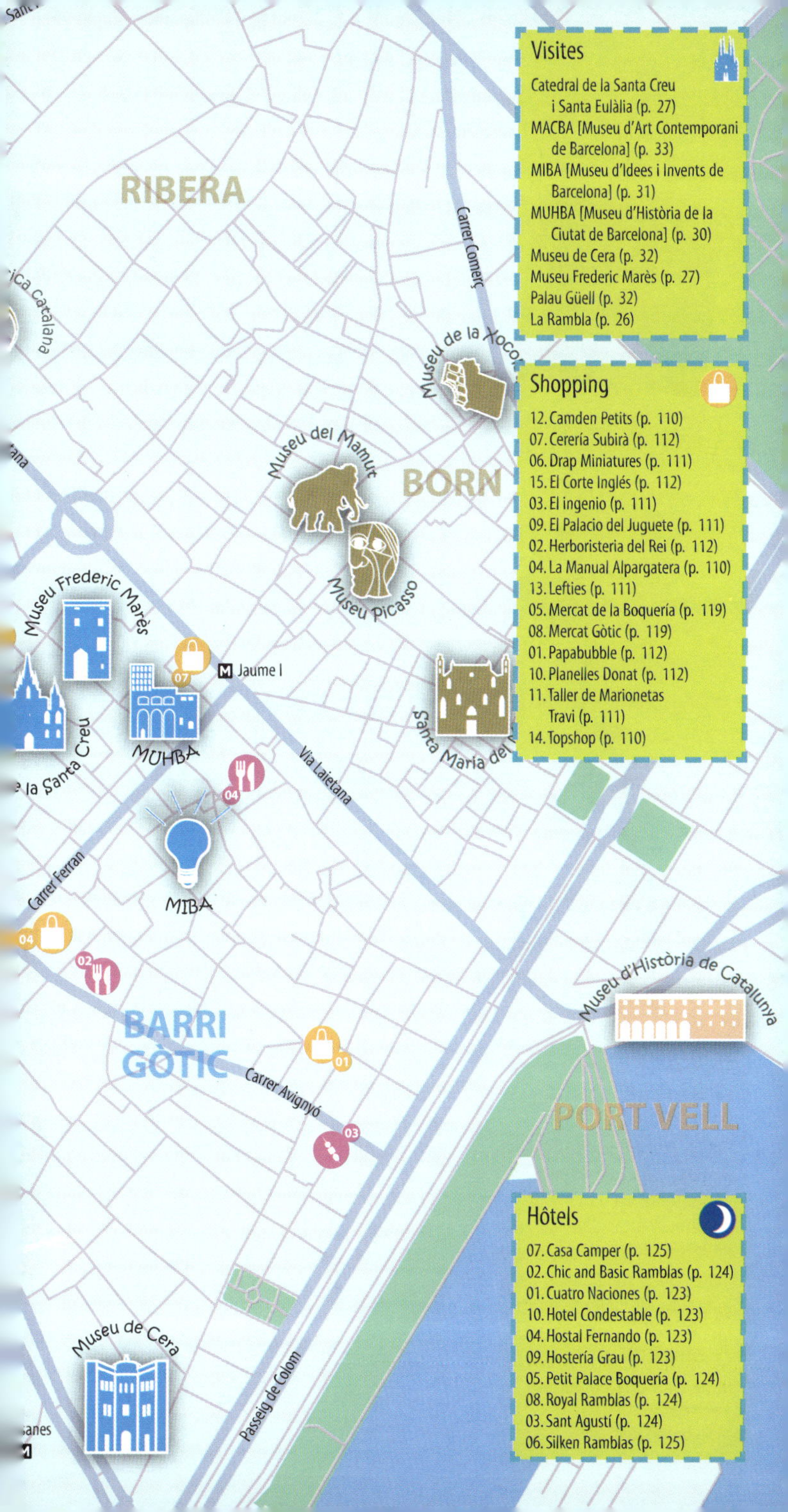

Visites

Catedral de la Santa Creu i Santa Eulàlia (p. 27)
MACBA [Museu d'Art Contemporani de Barcelona] (p. 33)
MIBA [Museu d'Idees i Invents de Barcelona] (p. 31)
MUHBA [Museu d'Història de la Ciutat de Barcelona] (p. 30)
Museu de Cera (p. 32)
Museu Frederic Marès (p. 27)
Palau Güell (p. 32)
La Rambla (p. 26)

Shopping

12. Camden Petits (p. 110)
07. Cerería Subirà (p. 112)
06. Drap Miniatures (p. 111)
15. El Corte Inglés (p. 112)
03. El ingenio (p. 111)
09. El Palacio del Juguete (p. 111)
02. Herboristeria del Rei (p. 112)
04. La Manual Alpargatera (p. 110)
13. Lefties (p. 111)
05. Mercat de la Boquería (p. 119)
08. Mercat Gòtic (p. 119)
01. Papabubble (p. 112)
10. Planelles Donat (p. 112)
11. Taller de Marionetas Travi (p. 111)
14. Topshop (p. 110)

Hôtels

07. Casa Camper (p. 125)
02. Chic and Basic Ramblas (p. 124)
01. Cuatro Naciones (p. 123)
10. Hotel Condestable (p. 123)
04. Hostal Fernando (p. 123)
09. Hostería Grau (p. 123)
05. Petit Palace Boquería (p. 124)
08. Royal Ramblas (p. 124)
03. Sant Agustí (p. 124)
06. Silken Ramblas (p. 125)

à la ville de Barcelone. Dans la pure tradition des cabinets de curiosités, le **Cabinet du collectionneur** est composé de 17 salles où sont exposés des milliers d'objets témoignant des coutumes des générations passées. Parmi les perles du musée, on peut voir de splendides collections d'éventails, de pipes sculptées en ivoire, ainsi que des maisons de poupée, des petits théâtres en papier, des automates, des jeux de l'oie...

Notre conseil Passez les sculptures religieuses (rez-de-chaussée et 1er étage), qui ne devraient guère réjouir vos bambins, pour filer aux 2e et 3e étages, où se trouve le Cabinet du collectionneur.

Plaça de Sant Iu, 5 · M Jaume I, Liceu · www.museumares.bcn.cat · 932 563 500 · ma-sa 10h-19h, di 11h-20h · adulte 4,20 € (gratuit 1er di du mois) enfant (-16) gratuit · audioguide 1 €

ON Y VA ! ☐

Se prendre pour un Romain

au Museu d'Història de la Ciutat de Barcelona (MUHBA)

A partir de 6 ans **Le MUHBA met en scène les origines de Barcelone en offrant une promenade fascinante au cœur des vestiges de Barcino la Romaine.**

Le MUHBA est l'un des plus grands sites archéologiques souterrains d'Europe (4 000 m²). Grâce à un ascenseur qui vous mène dans les entrailles du musée, vous allez effectuer un incroyable voyage dans le temps. En effet, en dessous de la Plaça del Rei, se trouvent des **vestiges** de l'époque où Barcelone était romaine et s'appelait Barcino (entre les Ier et VIe siècles).

En déambulant sur des passerelles, vous pourrez découvrir des vestiges admirablement préservés qui témoignent du mode de vie de cette époque. Vous verrez des restes de la **muraille romaine** ainsi qu'une très belle reconstitution d'un ***domus*** (maison romaine typique) et les vestiges d'une **usine de *garum***.
Ne manquez pas la **teinturerie** qui possédait des urinoirs placés à l'extérieur. Étrange, non ? En fait, ils étaient utilisés pour recueillir l'urine des passants et en faire de l'ammoniaque afin de purifier le linge. Heureusement les techniques ont changé depuis !

Qu'est ce que le *garum* ?
Un condiment fait d'un mélange d'intestins, de sang, de viscères et de queues de poissons qu'on laissait macérer 1 mois dans du sel de façon à obtenir une sauce noire. On la mélangeait alors à du vin, du vinaigre ou de l'huile d'olive. Les Romains en raffolaient et la payaient aussi cher que du parfum.

Savez-vous quel était le péché mignon des Romains ? Le vin ! Ils en buvaient en moyenne entre ½ et ¾ de litre par jour. C'est pourquoi leur système de production et de conservation était extrêmement sophistiqué.

La visite se poursuit au **rez-de-chaussée** sur le thème de la Barcelone médiévale. Cette partie, moins intéressante, permet néanmoins de visiter la chapelle Palatine (XIVe siècle).

Plaça del Rei • M Jaume I • www.museuhistoria.bcn.es • 932 562 100 • ma-sa 10h-19h, di 10h-20h • adulte 7 € enfant (- 16) gratuit • audioguide gratuit ON Y VA ! ☐

Se creuser les méninges

au Museu d'Idees i Invents de Barcelona (MIBA)

A partir de 4 ans **Si vos bambins ont une imagination débordante, le musée des Idées et des Inventions est une visite à ne pas manquer.**

Pour commencer la visite, vos petits pourront emprunter un gigantesque **toboggan** qui les conduira directement au sous-sol, où sont exposées la plupart des inventions. Coussin enregistreur de rêves, cuillère conçue pour les batailles de nourriture, télécommande en forme de baguette magique, serpillière avec micro intégré : ce curieux musée présente des inventions drôles, loufoques et parfois même utiles !

On retiendra notamment l'**Horrormatic**, un appareil qui inflige au dentiste – en temps réel – la même douleur que celle ressentie par le patient, ou encore la **Bascule des célébrités**, qui affiche le visage d'une célébrité du même poids (l'occasion de savoir si l'on pèse le même poids que Marylin Monroe ou King Kong !).

Activités enfants Conçu pour éveiller la créativité des enfants, un espace leur est réservé pour dessiner une invention pour participer à un grand concours. La création du gagnant sera transformée en prototype et présentée dans le monde entier. Allez, à vos crayons !

Carrer Ciutat, 7 • M Jaume I, Liceu • mibamuseum.com • 933 327 930 • ma-ve 10h-14h, 16h-19h, sa 11h-20h, di 10h-14h • adulte 7 €, enfant (4-12) 5 € ON Y VA ! ☐

Se prendre pour un prince

au Palau Güell

Tous âges Difficile de croire que ce merveilleux palais était véritablement habité ! Et pourtant, c'est là que vivait la famille Güell avec ses dix enfants.

Lors d'une visite de l'Exposition universelle de 1878 à Paris, le riche industriel catalan Eusebi Güell découvre une somptueuse vitrine réalisée par un certain **Antoni Gaudí**. De retour à Barcelone, il fait la connaissance du jeune architecte, totalement inconnu à cette époque. C'est le début d'une longue amitié et d'une fructueuse collaboration entre les deux hommes.

Entre 1886 et 1890, Gaudí se charge de la construction de ce **somptueux palais** pour la famille Güell. Influencé par l'art islamique, il imagine des plafonds à caissons finement sculptés et couverts de feuilles d'or. Surtout, il affirme son goût pour l'extravagance avec la construction de **14 cheminées** multicolores, qui ressembleraient presque à des sucettes géantes !

Muni d'un **audioguide** en français, vous visiterez les différentes pièces du palais telles que la salle des fumeurs, l'atelier de peinture, la chapelle secrète et les anciennes écuries. Au **dernier étage** est retracé le titanesque travail de restauration. Ce bâtiment de Gaud n'est pas le plus connu, mais c'est notre préféré.

Le souci du détail
Observez bien le sol du hall d'entrée. Eh oui, les pavés sont en bois. Gaudí avait pensé au confort des propriétaires et avait conçu le sol de façon à amortir le bruit des sabots des chevaux et des roues de carrosse cerclées de métal.

Notre conseil Demandez pour vos bambins l'audioguid "express" (disponible en français) qui dure 20 min au lieu de la version en 40 min prévue pour les adultes.

Carrer Nou de la Rambla, 3-5 • M Liceu, Drassanes • palauguell.cat • 934 725 775 • ma-di 10h-20h (avr-sept), 10h-17h30 (oct-mars) • adulte 10 €, enfant (- 12) gratuit, 1er di du mois gratuit • audioguide gratuit

ON Y VA !

Rencontrer des personnages célèbres

au Museu de Cera

À partir de 6 ans Observer de près le nez de Cléopâtre, l'armure de Don Quichotte ou la moustache de Dalí ? C'est au musée de Cire que ça se passe.

Au bout d'un passage étroit qui part de la Rambla se cache un magnifique palais du XIXe siècle où logent 300 personnages historiques et des stars internationales. Enfin, plutôt leur représentation en cire ! Attention, toutefois, certaines mises en scène peuvent être un peu effrayantes pour nos très jeunes visiteurs.

Notre conseil Ne manquez pas en sortant le café du musée : **le Bosc de las Fades**. Sa décoration insolite vous plongera au cœur d'une forêt enchantée peuplée de fées, de gnomes et autres personnages mystérieux.

Passatge de la Banca, 7 • M Drassanes • museocerabcn.com • 933 172 649 • tlj 10h-22h (été), lu-ve 10h-13h, 16h-19h30, sa-di 11h-14h, 16h30-20h30 • adulte 15 €, enfant (5-11) 9 € ON Y VA ! ☐

Titiller son imagination

au Museu d'Art Contemporani de Barcelona (MACBA)

À partir de 6 ans **Vos jeunes pousses vont pouvoir donner libre cours à leur imagination en observant des œuvres abstraites aux multiples interprétations.**

Installé dans un édifice monumental aux lignes avant-gardistes, le **musée d'Art contemporain** abrite une collection permanente et des expositions temporaires. Si les adultes sont parfois hermétiques à l'art contemporain, les enfants y trouvent souvent de quoi stimuler leur imagination.

Observez par exemple ***Rinzen*** (1992-1993) d'Antoni Tàpies, une œuvre tridimensionnelle constituée d'un grand lit métallique suspendu en hauteur. Vos loustics auront probablement de multiples interprétations sur cette œuvre. Parmi les quelque **1 500 œuvres**, les artistes espagnols sont dignement représentés : **Juan Muñoz, Jorge Oteiza, Miquel Barceló** et **Joan Miró**.

Activités enfants Elles sont organisées lors de chaque nouvelle exposition (voir détails sur le site Web).

Plaça dels Àngels, 1 • M Universitat, Catalunya, Liceu • macba.cat • 934 120 810 • lu, me, je 11h-20h, ve 11h-22h, sa 10h-22h, di 10h-15h (25 juin-24 sept), lu, me, je, ve 11h-19h30, sa 10h-21h, di 10h-15h (25 sept-24 juin) • adulte 9 €, enfant (-14) gratuit ON Y VA ! ☐

À l'époque médiévale, le Born était le quartier de prédilection des riches marchands de la ville. Ils y firent construire de somptueux palais, notamment dans la Carrer Montcada, dont la plupart abritent aujourd'hui des musées et des galeries d'art. Le quartier de la Ribera est marqué par le modernisme, dont les monuments qui jalonnent le parc de la Ciutadella et le splendide palais de la Musique catalane sont les fiers ambassadeurs.

Plonger dans l'histoire
de Santa María del Mar

Tous âges **Entièrement construite grâce aux dons et aux efforts des plus démunis, cette basilique gothique fait la fierté des habitants de la Ribera.**

À l'époque où la monarchie et la noblesse finançaient la construction de splendides cathédrales à travers toute l'Europe, les habitants de la Ribera décidèrent d'élever leur propre église, un temple construit par le peuple et pour le peuple. Ils l'appelèrent Santa María del Mar.

Cette remarquable **basilique gothique** édifiée entre 1329 et 1383 est avant tout un exemple de solidarité. Tous les habitants du quartier, quel que soit leur statut social, se cotisèrent pour financer les travaux. Les plus pauvres contribuèrent en transportant d'énormes pierres sur leur dos depuis la carrière de Montjuïc. Appelés *bastaixos*, ils sont représentés sur les portes principales, chargés de leur fardeau. À vous de vous amuser à découvrir où ils se cachent !

Plaça Santa Maria, 1 • M Jaume I • 933 102 390 • tlj 9h-13h30, 16h30-20h30 • gratuit

ON Y VA ! ☐

Les *bastaixos*
C'est le nom donné aux porteurs de pierres qui ont contribué, comme les autres habitants du quartier, à la construction de la cathédrale mais, eux, à la force de leurs bras. Ils ont inspiré le célèbre roman *La Cathédrale de la Mer* à Ildefonso Falcones qui fut vendu à près de 5 millions d'exemplaires dans le monde.

Trouver sa vocation
au Museu Picasso

A partir de 5 ans **Les artistes en herbe découvriront dans ce musée les œuvres de jeunesse de Pablo Picasso et même des dessins de son enfance.**

Il n'est jamais trop tôt pour faire naître une vocation. Picasso le prouve ! À l'âge de huit ans, il peignait déjà ses premiers tableaux. Installé dans un magnifique palais médiéval, ce musée retrace l'étroite relation entre l'artiste et la ville de Barcelone, où il séjourna entre 1895 et 1903. La collection est particulièrement riche sur ses premiers dessins, ses œuvres de jeunesse et sa période bleue. On peut notamment admirer l'un de ses premiers chefs-d'œuvre, ***Science et Charité***, réalisé à l'âge de 16 ans. La visite est complétée par une série de variations sur les ***Ménines*** de Velázquez, qui regroupe pas moins de 58 toiles, ainsi que plusieurs tableaux importants, tels que ***L'Arlequin*** (1917) et le ***Portrait de Jaume Sabertés*** (1939).

Notre conseil Le dimanche après midi, le musée ouvre ses portes gratuitement mais la queue peut s'avérer très longue, surtout avec de jeunes enfants. Venez donc en fin de journée, il y a souvent moins de monde.

Carrer Montcada 15-23 • M Jaume I • ON Y VA !
www.museupicasso.bcn.es • 93 256 3000 • ma-di 10h-20h • adulte 11 €, enfant (- 16) gratuit, di 15h-20h gratuit

Tout savoir sur l'âge de glace

au Museo del Mamut

À partir de 5 ans **Vos bambins ne jurent que par Manny, Sid et Scrat, héros de *L'Âge de glace* ? Ce musée du Mammouth les rendra incollables sur ces espèces.**

L'âge de glace, ce n'est pas seulement un film d'animation ! C'est une période de la préhistoire qui remonte à des millions d'années durant laquelle notre planète était peuplée de drôles d'animaux : le tigre à dents de sabre, l'ours des cavernes et bien sûr le mammouth. Ce petit musée propose de partir sur les traces de ces espèces aujourd'hui disparues à travers une exposition de fossiles, de reconstitutions de squelettes à grande échelle et de reproductions de peintures rupestres. Vos bambins pourront même toucher pour de vrai des dents de mammouth !

Carrer Montcada, 1 • M Jaume I • museodelmamut.com • 932 688 520 • tlj 10h-21h • adulte 7,50 €, enfant (6-14) 3,50 € ON Y VA !

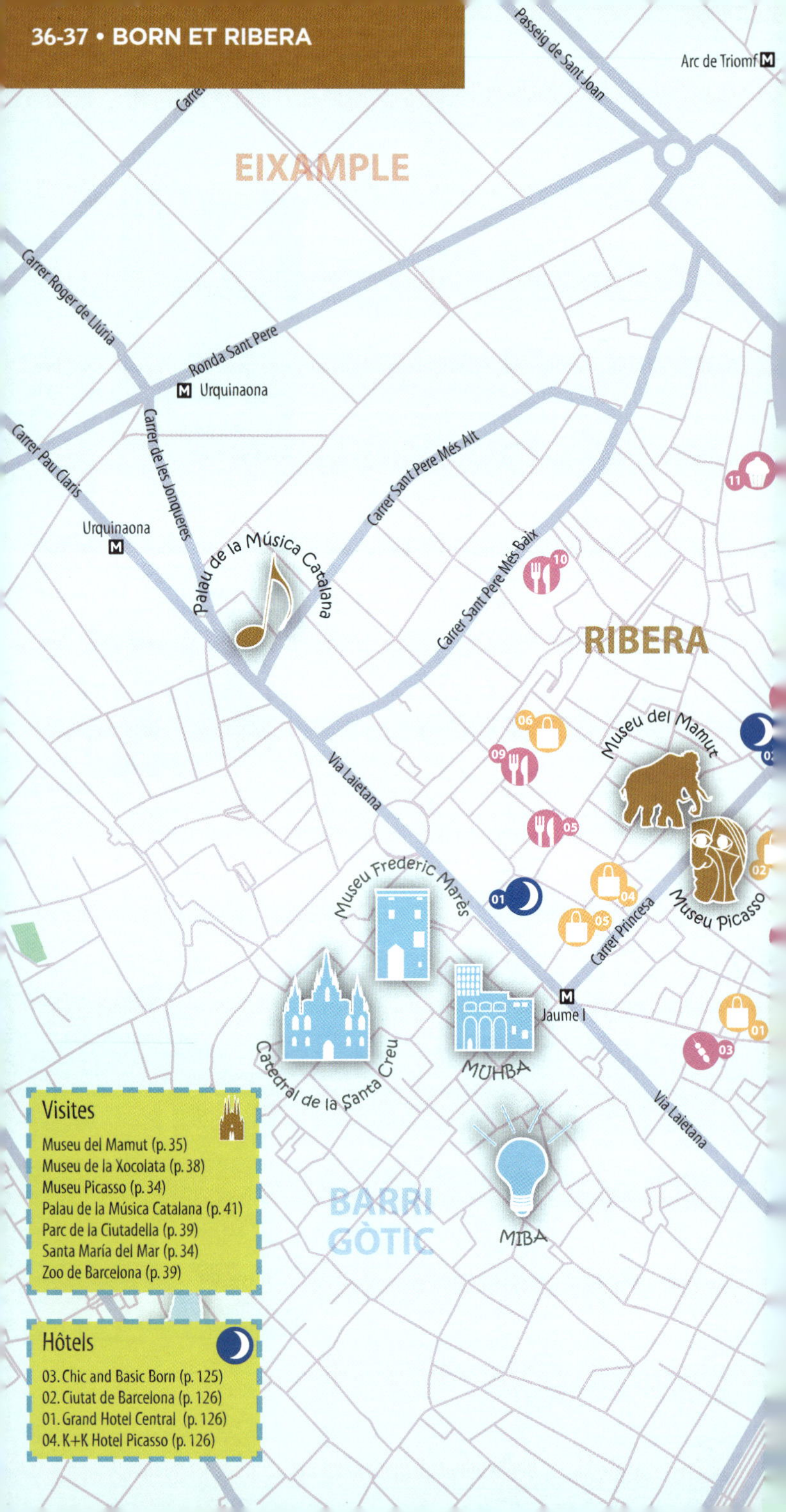

Visites

- Museu del Mamut (p. 35)
- Museu de la Xocolata (p. 38)
- Museu Picasso (p. 34)
- Palau de la Música Catalana (p. 41)
- Parc de la Ciutadella (p. 39)
- Santa María del Mar (p. 34)
- Zoo de Barcelona (p. 39)

Hôtels

03. Chic and Basic Born (p. 125)
02. Ciutat de Barcelona (p. 126)
01. Grand Hotel Central (p. 126)
04. K+K Hotel Picasso (p. 126)

Restaurants
05. Bacoa (p. 99)
08. Bar del Convent (p. 99)
01. Cal Pep (p. 100)
09. Cuines de Santa Caterina (p. 99)
10. Doble Zeroo (p. 99)
07. La Paradeta (p. 100)
Tapas
04. Euskal Etxea (p. 100)
02. Lonja de Tapas (p. 100)
03. Sagardi Bcn Gòtic (p. 100)
Pique-nique
12. Parc de la Ciutadella (p. 101)
Goûters
06. La Báscula (p. 101)
11. Lolita Bakery (p. 101)
Shopping
05. Arlequi Mascares (p. 113)
02. Camper (p. 113)
04. El Rei de la Màgia (p. 113)
01. Happy Pill (p. 113)
06. Mercat de Santa Caterina (p. 119)
03. Muna (p. 113)
Avinguda Meridiana
Wellington
Passeig de Pujades
Parc de la Ciutadella
Parc de la Ciutadella
Museu Xocolata
Passeig de Picasso
Zoo de Barcelona
Ciutadella / Vila Olímpica
BORN
Avinguda Marquès de l'Argentera
Estacio de Franca
Passeig Circumval·lacio
Barceloneta
Carrer Dr. Aiguader
BARCELONETA
Museu d'Història de Catalunya
PORT VELL
Nord
200 m
0
12
04
07
01

Fondre de plaisir
au Museu de la Xocolata

A partir de 3 ans **Invitation à la gourmandise et au savoir, ce musée du Chocolat s'intéresse à son histoire et à sa fabrication.**

Voilà un sujet qui va éveiller la même passion auprès des petits et des grands gourmands : **le chocolat**. Attenant à une école de pâtisserie, ce musée propose une visite ludique et instructive pour toute la famille. Dès l'entrée, vous recevrez en guise de ticket une barre en chocolat que vous êtes bien entendu autorisé à manger. Ça commence plutôt bien !

Panneaux explicatifs, jeux interactifs et projections vidéos (tous disponibles en français) vous permettront d'en savoir plus sur les origines du cacao, ses procédés de culture et les secrets de fabrication du chocolat. On découvrira notamment comment les Aztèques utilisaient à l'origine les fèves de cacao comme pièces de monnaie, ou comment le conquistador Hernán Cortés introduisit le chocolat en Europe.

Le musée présente également une exposition de **sculptures en chocolat** qui devrait ravir vos bambins : Astérix, Tintin ou encore Bob l'éponge y sont représentés. Mais interdiction de les croquer ! Vous verrez aussi des sculptures des plus célèbres monuments de Barcelone, tels que la Sagrada Familia et la salamandre du Park Güell. Après cette mise en bouche, difficile de faire l'impasse sur la cafétéria du musée, où vous pourrez vous régaler de chocolat sous toutes ses formes et même faire des provisions dans la boutique du musée.

Activités enfants Le musée programme de nombreuses activités (payantes) par tranches d'âges. Jusqu'à 3 ans, les petits loustics pourront, par exemple, participer à l'atelier "Peindre avec du chocolat", une des rares occasions où jouer avec la nourriture est entièrement permis. Alors, qu'ils en profitent ! Les plus grands (à partir de 6 ans) pourront, quant à eux, se mettre dans la peau des Aztèques et des Mayas pour participer à un grand jeu de piste ou passer derrière les fourneaux pour apprendre à élaborer des sucettes en chocolat.

Des crottes de chèvre
En 1494, Christophe Colomb jeta par-dessus bord des fèves de cacao qu'il avait reçues comme cadeau des Amérindiens. En fait, il les aurait prises pour des crottes de chèvre ! Ce n'est qu'en juillet 1502 qu'il découvrit la boisson chocolatée. Elle se buvait à l'époque amère et épicée, rien à voir avec ce que l'on boit aujourd'hui.

ON Y VA !

Carrer Comerç, 36 • M Jaume I, Arc de Triomf • www.museuxocolata.cat • 932 687 878 • tlj 10h-19h, di et fériés 10h-15h • entrée 4,30 €, enfant (-7) gratuit

Faire un tour en barque
au parc de la Ciutadella

Tous âges **Ce grand parc de 18 ha est l'endroit parfait pour un pique-nique, une balade en barque ou une sieste à l'ombre d'arbres centenaires.**

Véritable musée à ciel ouvert, le parc est parsemé de **nombreuses statues**. La plus célèbre d'entre elles, ***La Dame au parapluie***, ne serait pas sans rappeler une certaine Mary Poppins !

Autre emblème du parc, le gigantesque **mammouth** en pierre qui trône au cœur de la végétation. À vos bambins de découvrir où il se cache ! Un indice : il se trouve près de la cascade. Ne manquez pas de louer une **barque** pour traverser le lac artificiel et admirer la végétation où magnolias, tilleuls, palmiers, orangers et acacias embaument l'air de leur doux parfum. Vos petits scientifiques pourront découvrir plus d'une **centaine d'espèces d'oiseaux**, en particulier la plus grande colonie de hérons cendrés de Catalogne.

Siège de l'Exposition universelle de 1888, le parc de la Ciutadella conserve plusieurs monuments construits pour l'occasion. En y accédant par le Passeig de Lluís Companys, vous tomberez d'abord sur l'**arc de Triomphe**, monument en brique rouge d'inspiration arabisante, puis sur le **Castell dels Tres Dragons**, bâtiment moderniste aux allures de château fort. Le parc abrite également deux **grandes serres**, l'Hivernacle et l'Umbracle, où poussent d'immenses plantes subtropicales, ainsi qu'une cascade géante.

Parque de la Ciutadella • M Arc de Triomf, Ciutadella Vila Olímpica • 934 132 400 • tlj 10h jsq coucher du soleil • gratuit ON Y VA ! ☐

Faire le singe
au zoo de Barcelona

Tous âges **Pour voir les acrobaties du singe-araignée ou les loopings des dauphins, direction le zoo de Barcelone, situé dans le parc de la Ciutadella.**

L'une des attractions phares du zoo est son spectacle de **dauphins**. Bien que les installations soient un peu tombées en désuétude, leurs pirouettes et facéties

remportent toujours un vif succès auprès des enfants. Plusieurs sessions sont programmées chaque jour, mais il vous faudra faire la queue pour vous assurer une bonne place, car il n'y a rien de plus drôle pour les bambins que de se faire éclabousser par les dauphins !

Outre les nombreux animaux visibles dans le zoo (éléphants, girafes, lions, kangourous, hippopotames, orangs-outans, etc.), un espace a été exclusivement pensé pour les plus petits : la Granja. Il s'agit de la reconstitution d'une **ferme** où vos bouts de chou pourront caresser des brebis, des chevaux ou des vaches, mais aussi apprendre à cultiver un potager ou faire un **tour à dos de poney** (3,50 €).

Flocon des neiges
Pendant longtemps, le zoo a hébergé Floquet de neu (Flocon de neige), l'unique **gorille albinos** connu dans le monde. Il a eu 21 enfants avec 3 femelles différentes, mais seuls 5 petits ont survécu. Aucun de ses enfants et petits-enfants n'est albinos mais tous sont porteurs du gène et peuvent l'avoir transmis à certains de leurs descendants.

Inauguré en 1892, le zoo de Barcelone accueille depuis plus d'un siècle des espèces venues du monde entier. D'une superficie de 14 ha, il héberge plus de **7 000 animaux** appartenant à 400 espèces. Vous pouvez donc compter une bonne demi-journée pour en faire le tour. On y accède soit par le parc de la Ciutadella, soit par la Calle Wellington. Si vous optez pour cette deuxième option, vous aurez la possibilité de louer à l'entrée une voiture électrique (25 €/h pour 4 places) ou de grimper dans un petit train (adulte 3 €, enfant 2,50 €) pour faire le tour du zoo.

Notre conseil N'hésitez pas à apporter de quoi déjeuner ou goûter sur place, plusieurs espaces verts ont été aménagés en zones de pique-nique. Sinon, vous trouverez un self-service avec des tables en plein air, ainsi qu'un restaurant (menu pour adulte à 18,50 €, enfant 9 €).

☐ ONYVA !

Parque de la Ciutadella • M Barceloneta, Ciutadella Vila Olímpica • zoobarcelona.cat • 902 457 545 • tlj 10h-20h (16 mai-15 sept), 10h-19h (24 mars-15 mai, 16 sept-26 oct), 10h-17h30 (27xoct-23≈mars) • adulte 19,60 €, enfant (3-12) 11,80 € (- 10 % sur bcnshop.barcelonaturisme.com)

Jouer au chef d'orchestre

au Palau de la Música Catalana

À partir de 7 ans **Considérée comme l'un des chefs-d'œuvre du modernisme, cette sublime salle de concert semble sortir tout droit d'un conte de fées.**

Conçu par l'architecte Domènech i Montaner, le **palais de la Musique catalane** fut édifié entre 1905 et 1908 pour le compte de l'Orféo Català, une chorale de musique populaire. Les meilleurs artisans de l'époque participèrent au travail du fer forgé, de la mosaïque et du verre pour créer ce bijou du modernisme.

Avant d'entrer, prenez le temps d'admirer la **façade** sur la Carrer de Sant Pere Més Alt, notamment le magnifique balcon du 1er étage et sa forêt de colonnes. La visite guidée débute par le visionnage d'une courte vidéo sur les origines du palais et se poursuit dans la **salle Lluís Millet**, dont l'immense baie vitrée offre une vue imprenable sur les colonnes en *trencadís*. Cette technique emblématique du modernisme, qui consiste à assembler des éclats de céramiques, devrait donner des idées aux amateurs de travaux manuels !

La visite se poursuit dans la **salle de concert**, où l'immense coupole inversée teinte la scène de mille reflets. Autour de l'orgue central, les muses inspirent depuis plus d'un siècle les artistes qui se produisent sur la scène du Palau. Avec leurs bustes sculptés dans la pierre et leurs robes dessinées en mosaïques, elles semblent sur le point de s'envoler dans les airs. D'autant que la profusion de motifs floraux, de guirlandes sculptées et de mosaïques multicolores nous ferait presque croire que nous sommes dans un conte de fées ! Au plafond, vous pourrez découvrir le nom de très célèbres compositeurs.

Le modernisme catalan
Entre 1880 et 1930, des artistes, soutenus par des mécènes et des intellectuels, ont créé un style architectural riche et original afin que Barcelone puisse rivaliser avec les villes européennes voisines. Ses plus illustres ambassadeurs sont Antoni Gaudí et Lluís Domènech i Montaner.

Notre conseil Si vos bambins ne sont pas emballés par cette visite guidée, pourquoi ne pas leur proposer un concert ? À partir de 12-15 €, on peut assister à un spectacle. Évidemment, l'emplacement à ce prix-là laisse à désirer, mais vous aurez tout le loisir d'admirer la salle tout en profitant de la musique !

ON Y VA ! ☐

Carrer Palau de la Música, 4-6 • M Urquinaona • palaumusica.cat • 902 475 485 • visites guidées en français (50 min) tlj 10h30, 14h30 • adulte 17 €, enfant (- 10) gratuit • réservation indispensable et bien à l'avance

Imaginé au XIXe siècle par l'urbaniste Ildefons Cerdá, l'Eixample est né de la nécessité d'agrandir la ville, d'où son nom qui signifie "l'extension". Terrain de jeu favori des grands architectes de l'époque, l'Eixample abrite les plus grands chefs-d'œuvre du modernisme catalan. Un peu plus au nord, l'ancien village de Gràcia mérite une visite pour le charme de ses places et son atmosphère authentique, malgré l'absence de monuments et de musées.

Explorer une forêt de pierre
dans la Sagrada Família

A partir de 5 ans **En s'inspirant de la nature, l'architecte Antoni Gaudí a imaginé une cathédrale dont l'intérieur ressemble à une vaste forêt de pierre.**

Antoni Gaudí consacra plus de 40 ans de sa vie à la construction du temple Expiatori de la Sagrada Família (eh oui, c'est le vrai nom de la cathédrale) dont les travaux devraient prendre fin en 2030 ! Il imagina l'intérieur du temple comme une **immense forêt**, où les colonnes se ramifient comme les branches d'un arbre. L'obsession de Gaudí pour la nature est également visible sur la **façade de la Nativité**, ornée d'une profusion de motifs floraux. Levez les yeux, vous verrez que les clochers sont surmontés de paniers de fruits colorés, tandis que les pinacles ont la forme des épis de blé. Les **animaux** ont également leur place sur cette somptueuse façade : quelque 40 espèces y sont représentées ! L'exposition **"Gaudí et la nature"** va permettre à vos bambins de se familiariser avec les techniques de l'architecture. Rien de mieux que de regarder et tripoter une maquette pour comprendre l'œuvre de Gaudí.

La **façade de la Passion** a été édifiée après la mort de Gaudí, à partir de 1954. Conformément au souhait de l'architecte, il s'agit d'une construction sobre et chargée de dramatisme. Le sculpteur Josep Maria Subirachs a créé des personnages austères, aux formes anguleuses, pour illustrer la mort et la résurrection du Christ. Sur la colossale porte principale, des **textes de l'Évangile** sont gravés dans la pierre dans plus de 50 langues.

Qui posa la première pierre ?
Non, ce n'est pas Gaudí qui, le 19 mars 1882, posa la première pierre. Ce fut un autre architecte (Paula del Villar y Lozano) qui devait bâtir une église bien plus modeste. Mais peu de temps après le début des travaux, il y eut un désaccord entre les donateurs. Et c'est Gaudí qui, en 1883, reprit le projet. Il n'avait alors que 31 ans.

Le musée de la Sagrada Família présente une collection très intéressante de dessins, de maquettes et de photos de la cathédrale au cours des différentes étapes de sa construction. Vos petits en profiteront pour jeter un coup d'œil à **l'atelier du plâtre**, où sont réalisées toutes les maquettes préalables à la construction des divers éléments de la cathédrale.

Ne manquez pas la projection d'une **vidéo** (20 min) qui raconte l'histoire de la Sagrada Família et détaille les diverses techniques employées par Gaudí pour son édification. Pour finir, prenez de la hauteur en grimpant au sommet des tours de la cathédrale (payant, uniquement par ascenseur et à partir de 6 ans). C'est un excellent **point de vue** pour observer le singulier quadrillage des rues de l'Eixample.

Notre conseil Pour éviter de faire la queue, achetez vos tickets en ligne. Si vous décidez de les prendre sur place, pensez à emporter des espèces car les cartes de crédit ne sont pas acceptées. L'accès aux tours par ascenseur (4,50 €) n'est pas inclus dans le prix du ticket, vous pourrez le payer à l'intérieur de l'enceinte (un horaire vous sera attribué au moment de l'achat). Enfin, sachez qu'il existe un audioguide adapté aux enfants de 6 à 12 ans, disponible en français.

Carrer de Mallorca, 401 • M Sagrada Família • sagradafamilia.cat • 932 080 414 • tlj 9h-20h (avr-sept), 9h-18h (oct-mars) • adulte 14,80 €, enfant (10-18) 12,80 €, (- 10) gratuit • audioguide 4,50 € ON Y VA ! ☐

Observer les guerriers

de la Pedrera

À partir de 6 ans **Un curieux bâtiment où aucun mur n'est droit et où les cheminées ont la forme de guerriers. C'est encore l'œuvre de Gaudí !**

La grande particularité de ce bâtiment imaginé par **Antoni Gaudí** réside dans l'absence de lignes droites. Aussi bien la façade que les murs intérieurs ou le sol de la terrasse épousent des lignes courbes qui rappellent l'ondulation de la mer. Grand observateur de la nature, Gaudí semble s'être inspiré des **fonds marins** pour la conception des plafonds à l'intérieur du bâtiment, tandis que la colossale façade s'apparente

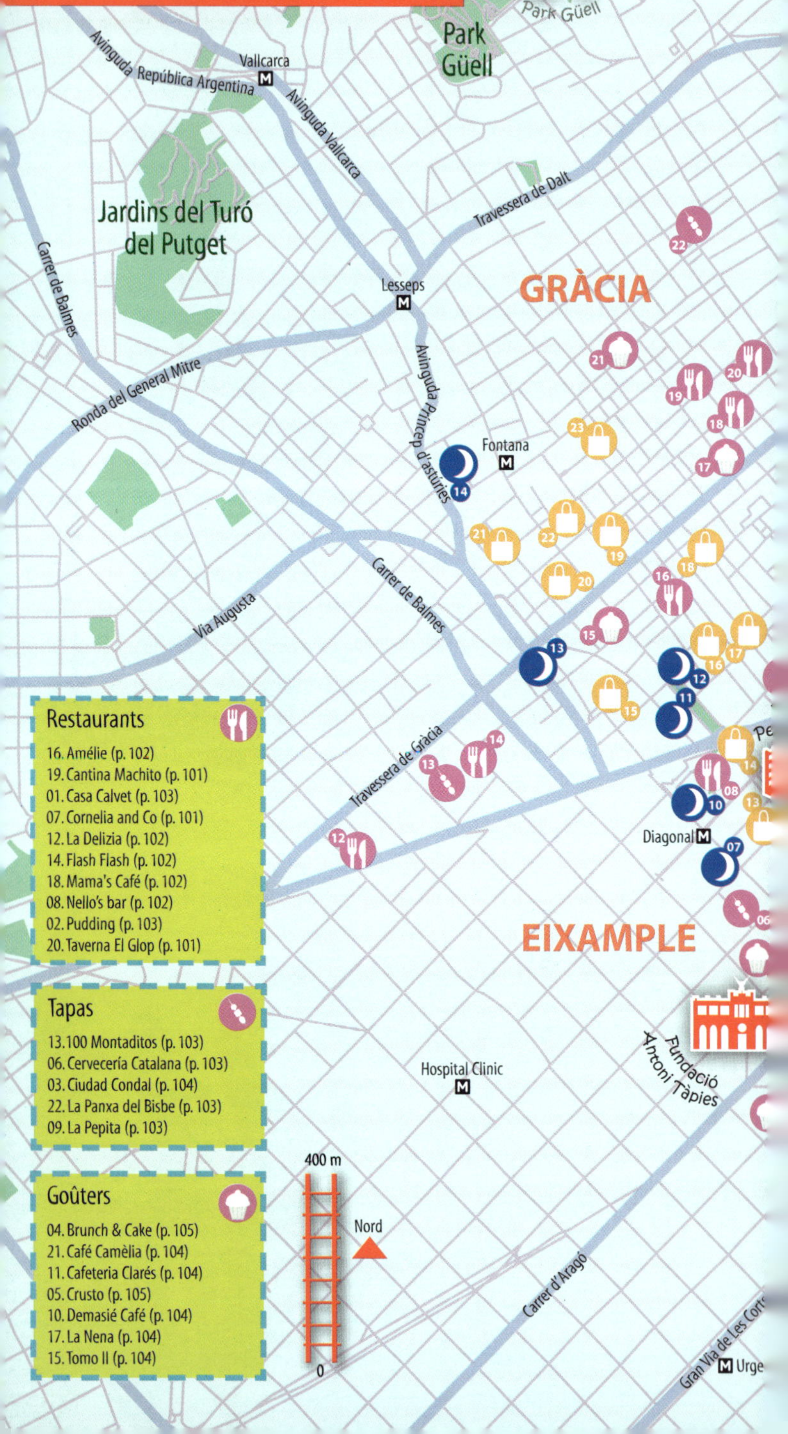

Restaurants

16. Amélie (p. 102)
19. Cantina Machito (p. 101)
01. Casa Calvet (p. 103)
07. Cornelia and Co (p. 101)
12. La Delizia (p. 102)
14. Flash Flash (p. 102)
18. Mama's Café (p. 102)
08. Nello's bar (p. 102)
02. Pudding (p. 103)
20. Taverna El Glop (p. 101)

Tapas

13. 100 Montaditos (p. 103)
06. Cervecería Catalana (p. 103)
03. Ciudad Condal (p. 104)
22. La Panxa del Bisbe (p. 103)
09. La Pepita (p. 103)

Goûters

04. Brunch & Cake (p. 105)
21. Café Camèlia (p. 104)
11. Cafeteria Clarés (p. 104)
05. Crusto (p. 105)
10. Demasié Café (p. 104)
17. La Nena (p. 104)
15. Tomo II (p. 104)

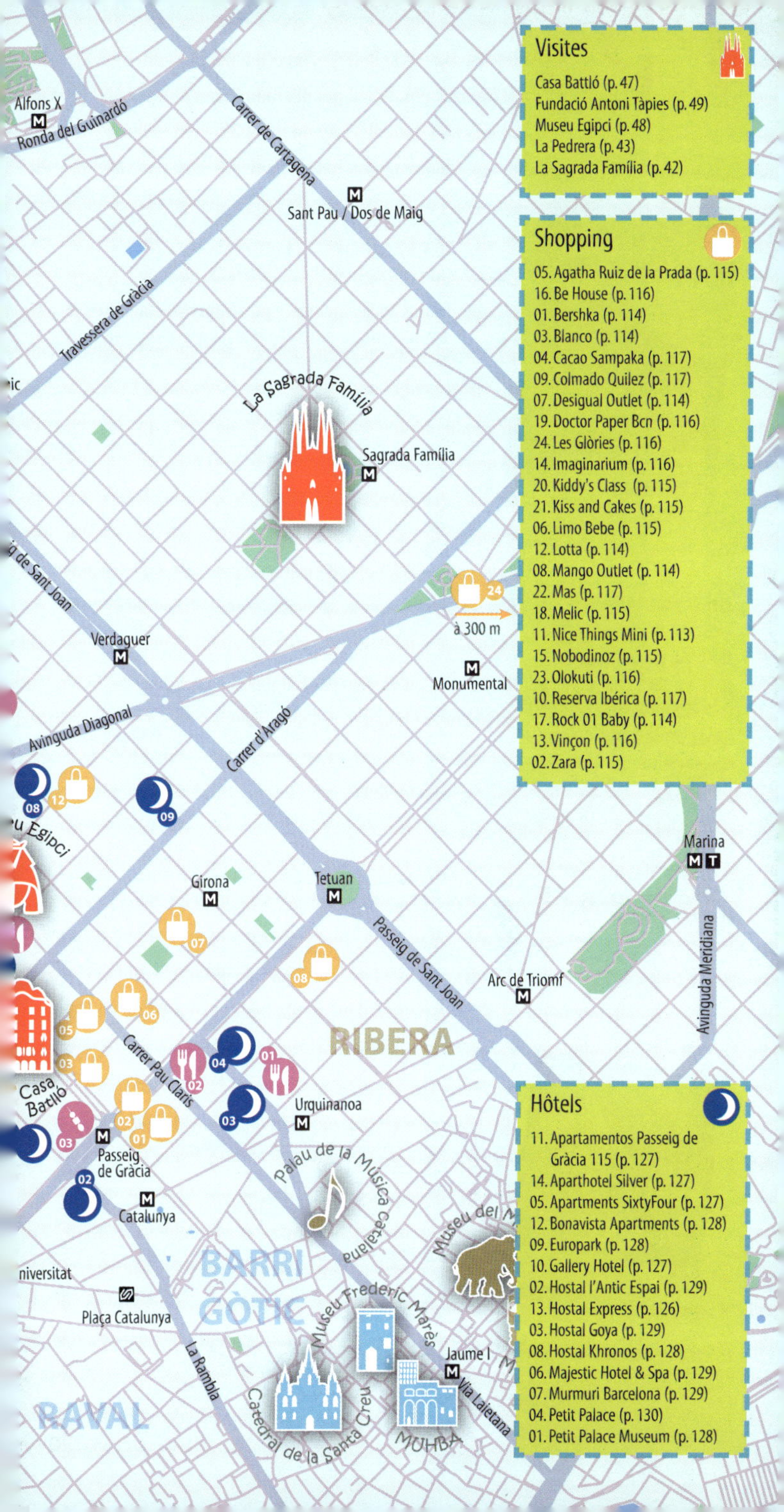
Visites
Casa Batlló (p. 47)
Fundació Antoni Tàpies (p. 49)
Museu Egipci (p. 48)
La Pedrera (p. 43)
La Sagrada Família (p. 42)
Shopping
05. Agatha Ruiz de la Prada (p. 115)
16. Be House (p. 116)
01. Bershka (p. 114)
03. Blanco (p. 114)
04. Cacao Sampaka (p. 117)
09. Colmado Quilez (p. 117)
07. Desigual Outlet (p. 114)
19. Doctor Paper Bcn (p. 116)
24. Les Glòries (p. 116)
14. Imaginarium (p. 116)
20. Kiddy's Class (p. 115)
21. Kiss and Cakes (p. 115)
06. Limo Bebe (p. 115)
12. Lotta (p. 114)
08. Mango Outlet (p. 114)
22. Mas (p. 117)
18. Melic (p. 115)
11. Nice Things Mini (p. 113)
15. Nobodinoz (p. 115)
23. Olokuti (p. 116)
10. Reserva Ibérica (p. 117)
17. Rock 01 Baby (p. 114)
13. Vinçon (p. 116)
02. Zara (p. 115)
Hôtels
11. Apartamentos Passeig de Gràcia 115 (p. 127)
14. Aparthotel Silver (p. 127)
05. Apartments SixtyFour (p. 127)
12. Bonavista Apartments (p. 128)
09. Europark (p. 128)
10. Gallery Hotel (p. 127)
02. Hostal l'Antic Espai (p. 129)
13. Hostal Express (p. 126)
03. Hostal Goya (p. 129)
08. Hostal Khronos (p. 128)
06. Majestic Hotel & Spa (p. 129)
07. Murmuri Barcelona (p. 129)
04. Petit Palace (p. 130)
01. Petit Palace Museum (p. 128)
Alfons X
Ronda del Guinardó
Carrer de Cartagena
Sant Pau / Dos de Maig
Travessera de Gràcia
La Sagrada Família
Sagrada Família
à 300 m
Verdaguer
Monumental
Avinguda Diagonal
Carrer d'Aragó
Girona
Tetuan
Passeig de Sant Joan
Arc de Triomf
Marina
Avinguda Meridiana
RIBERA
Carrer Pau Claris
Casa Batlló
Passeig de Gràcia
Catalunya
Urquinanoa
Palau de la Música Catalana
Museu del M
BARRI GÒTIC
Museu Frederic Marès
Plaça Catalunya
La Rambla
Jaume I
Via Laietana
Catedral de la Santa Creu
MUHBA
RAVAL

à une falaise creusée par le mouvement des vagues. Surnommé à l'époque de sa construction par ses détracteurs *la pedrera* ("la carrière de pierres"), tant il fallut de pierres pour le construire, c'est par son surnom que ce bâtiment est aujourd'hui le plus connu.

La visite de la Pedrera permet de découvrir un des **appartements** du bâtiment, entièrement aménagé avec du mobilier d'époque, qui nous plonge dans l'univers de la bourgeoisie catalane du XIXe siècle. C'est l'occasion pour nos jeunes visiteurs d'admirer les jouets anciens qui sont exposés dans la chambre des enfants. Aménagé dans les combles du bâtiment, l'**Espai Gaudí** présente une exposition très didactique de maquettes, plans et photos qui nous aident à mieux comprendre l'œuvre de Gaudí et ses sources d'inspiration. Différents squelettes, notamment celui d'un python, permettent d'observer les similitudes formelles entre l'univers de l'architecte et les ossements de l'animal. On peut également y voir une exposition de **meubles** dessinés par Gaudí. Point d'orgue de la visite : la terrasse peuplée de curieuses **cheminées** aux allures de guerriers qui offre un panorama splendide sur le Passeig de Gràcia. Les enfants vont pouvoir se défouler à loisir et se faire tirer le portrait car c'est l'endroit à ne pas manquer pour se faire prendre en photo !

Le soir, grâce au programme *La Pedrera Secreta*, vous pourrez faire partie des privilégiés qui visitent le bâtiment en plus petit comité. Les lumières du soir rendent le lieu encore plus magique. Cette visite peut être suivie d'un dîner au Pedrera Café, situé au rez-de-chaussée.

La Casa Milà
C'est en fait le véritable nom de ce bâtiment extravagant conçu par Gaudí à la demande de la famille Milà. On raconte même qu'au début du XXe siècle, une lettre libellée "maison bizarre" arriva à bon port malgré l'absence d'une adresse. Son destinataire était tout simplement l'un des locataires.

Activités enfants En plus d'être un lieu de visite, La Pedrera est aussi une fondation culturelle qui programme de nombreuses activités tout au long de l'année. Généralement, les ateliers pour les enfants et les spectacles pour les familles ont lieu le week-end. Renseignez-vous sur la programmation en consultant le site Web.

Carrer Provença, 261 • M Diagonal, Passeig de Gràcia • lapedrera.com • 902 202 138 • tlj 9h-20h (mars-oct), 9h-18h30 (nov-fév) • adulte 16,50 €, enfant (7-12) 8,25 € • Pedrera Secreta lu-di 20h30-0h (mars-oct), me-sa 19h-22h30 (nov-fév), dernière admission 1h30 avant fermeture • adulte 30 €, enfant (7-12) 15 € (avec dîner 49 €) • réservation indispensable par téléphone ou e-mail : reserveslapedrera@oscatalunyacaixa.com

ON Y VA !

Affronter le dragon
de la Casa Batlló

A partir de 6 ans Surnommée la "maison des os", la Casa Batlló ouvre ses portes aux petits téméraires qui souhaiteraient approcher son fameux dragon.

Construite entre 1904 et 1906 pour un riche industriel, la Casa Batlló est le fruit de l'imagination débordante de l'architecte Antoni Gaudí. Elle doit son surnom de "maison des os" aux formes curieuses de ses balcons, qui ressemblent à s'y méprendre à de véritables squelettes. Couverte de mosaïques bleues et vertes, la façade est surmontée d'un toit sinueux qui évoque la forme d'un **dragon** dont les tuiles émaillées s'apparentent à des écailles. Certains y voient un hommage à Sant Jordi, le courageux patron de Catalogne qui affronta un terrible dragon pour sauver la vie d'une princesse.

Les références au dragon ne s'arrêtent pas là. Dans les combles du bâtiment, les voûtes prennent la forme d'un gigantesque thorax dans lequel se promènent les visiteurs, comme s'ils avaient été avalés par un dragon ! Au **centre du bâtiment**, un puits de lumière couvert de céramique bleue mène aux différents étages de la maison. Ne manquez pas d'admirer la grande baie vitrée multicolore du salon principal.

Au **dernier étage**, un escalier en colimaçon vous conduit à une grande terrasse où vos bambins pourront voir de près (enfin !) le fameux dragon. Observez également les belles **cheminées** couvertes de *trencadís*, cette technique omniprésente chez Gaudí.

Notre conseil Pour éviter de faire la queue, pensez à acheter vos tickets en ligne.

Passeig de Gràcia, 43 • M Passeig de Gràcia • casabatllo.es • 932 160 306 • tlj 9h-21h • adulte 20,35 €, enfant (-7) gratuit

ON Y VA ! ☐

Le *trencadís*
La technique du *trencadís*, très présente dans l'œuvre de Gaudí, a été créée à partir de morceaux de céramiques mis de côté par une fabrique qui produisait des tasses à café, des plats et autres ustensiles de cuisine. Gaudí s'est révélé, avant l'heure, un expert dans l'art du recyclage.

Voir des momies
au Museu Egipci

A partir de 5 ans **Les petits Indiana Jones vont pouvoir percer les mystères de l'Égypte antique et voir de véritables momies... à Barcelone !**

Né de la passion d'un collectionneur, ce **musée de l'Égypte ancienne** abrite l'une des collections privées d'art et de culture égyptiennes les plus importantes d'Europe. Pas moins de **1 000 pièces**, dont certaines très rares, sont offertes à la curiosité des visiteurs. Le musée est assez petit (2 000 m²) ce qui permet aux enfants une exceptionnelle proximité avec les objets exposés. On est loin des grands musées académiques où les enfants n'ont pas le droit de s'approcher suffisamment des œuvres exposées pour bien les voir.

Vos bambins vont donc pouvoir découvrir, dans des conditions privilégiées, les croyances et les traditions des Égyptiens à travers une collection de **momies** et de **masques funéraires**. Ils apprendront par exemple comment les Égyptiens momifiaient les corps en utilisant des bandelettes de tissu enduites de stuc, ce qui les rendait extrêmement rigides. La momification était prodiguée pour assurer une vie éternelle aux pharaons dans l'au-delà. Des notables et certains animaux, considérés comme divins, étaient également momifiés – la preuve avec les **momies de chat et de crocodile** exposées dans le musée.

Très coquettes, les Égyptiennes utilisaient le khôl pour se maquiller les yeux. Elles conservaient cette poudre minérale dans de petits pots dont on peut voir plusieurs exemples au sous-sol du musée. Les collections de **bijoux** témoignent également de leur goût pour les belles choses. Parmi les trésors du musée se trouvent de somptueux **sarcophages**, dont certains sont de véritables œuvres d'art.

Le musée propose également, certains soirs, des visites nocturnes guidées par des comédiens présents tout au long du parcours. Le vendredi soir, vous pouvez participer au "**Banquet éternel**", une visite guidée centrée sur l'art culinaire égyptien qui vous permettra de déguster les aliments que consommait cette civilisation ancienne. Ces activités sont en espagnol mais si l'un d'entre vous est d'un bon niveau, cela peut être une activité amusante pour toute la famille.

Les momies de chat
Dans l'Égypte ancienne, les chats étaient importants et vénérés par toute la population. Les nobles, à la mort de leur animal de compagnie, les faisaient momifier. Ils se rasaient également les sourcils en signe de respect et observaient 70 jours de deuil, pendant la durée de la momification de l'animal.

Carrer Valencia, 284 • M Passeig de Gràcia • museuegipci.com • 934 880 188 • tlj 10h-20h (di 14h) • adulte 11 €, enfant (5-15) 8 € • visite nocturne (de 20h30 à 21h30) 20 €, Banquet éternel (ve 20h30) 35 €, réservation indispensable pour ces 2 activités

ON Y VA !

Avoir la tête dans les nuages

à la Fundació Antoni Tàpies

A partir de 7 ans **L'art contemporain a ses adeptes et ses réfractaires. Ce musée va sans doute dérouter certains d'entre vous mais sera une révélation pour d'autres, notamment pour les enfants !**

Lors de cette visite, vos petits vont pouvoir découvrir une manière insolite de peindre… sans pinceaux ! En effet, **Antoni Tàpies** est l'un des plus célèbres représentants du **"matiérisme"**, un courant pictural abstrait qui se caractérise par l'utilisation de divers matériaux tels que le sable, la terre, la paille, etc. Ainsi, au lieu de dessiner, Tàpies gratte, colle, frotte et assemble des matières pour créer ses toiles.

L'imagination débordante de Tàpies ne s'arrête pas là. Il utilise également de vieux objets, a priori sans intérêt, pour les transformer en œuvre d'art. C'est le cas de la curieuse toile ***Porta metàllica i violí*** (1956) qui résulte de l'assemblage d'une vieille porte métallique et d'un violon. De quoi donner des idées à vos petits artistes en herbe, non ?

Représentatif du style moderniste, le bâtiment de la fondation Tàpies est l'œuvre de l'architecte Lluís Domènech i Montaner, auquel on doit également le magnifique Palau de la Música Catalana (p. 41). Outre l'utilisation de la brique rouge, qui le distingue des autres immeubles du quartier, ce bâtiment a pour particularité d'être couronné d'une œuvre imaginée par Tàpies lui-même : ***Núvol i cadira*** (1990). Cette sculpture, qui représente un nuage métallique surmonté d'une chaise, est un symbole de contemplation récurrent chez Tàpies.

ON Y VA !

Carrer d'Aragó, 255 • M Passeig de Gràcia • fundaciotapies.org • 934 870 315 • ma-di 10h-19h • adulte 7 € enfant (-16) gratuit

Montjuïc domine la mer Méditerranée du haut de ses 170 m d'altitude. Cette colline abrite plusieurs musées et sites culturels, mais aussi des complexes sportifs et de loisirs hérités de l'Exposition universelle de 1929 et des jeux Olympiques de 1992. Plus au nord, le quartier résidentiel Les Corts est un lieu de pèlerinage pour les fans du ballon rond. C'est ici que des milliers de supporters se retrouvent pour assister régulièrement aux matchs du FC Barcelona.

Prendre un bain de culture

au CaixaForum

A partir de 5 ans **Cette ancienne usine textile transformée en centre culturel offre une riche programmation d'expositions et d'activités culturelles pour toute la famille.**

Le CaixaForum occupe le splendide bâtiment d'une ancienne usine textile. Construit au début du XXe siècle par l'architecte **Puig i Cadafalch**, cet édifice en brique rouge est un bel exemple du **modernisme catalan**. Les anciennes salles de filature et de tissage ont été remplacées par de vastes **salles d'expositions**, tandis que l'architecte Arata Isozaki a imaginé un immense arbre de verre et d'acier à l'entrée du bâtiment.

Conçu comme un vaste centre culturel, le CaixaForum accueille des expositions temporaires ainsi que des conférences, des projections de films, des concerts et des activités pour enfants. Il s'agit de l'un des espaces culturels les plus prestigieux de Barcelone, ayant accueilli au cours des dix dernières années de grandes expositions consacrées à Henri Cartier-Bresson, Dalí, Goya ou encore Diane Arbus. L'accès étant gratuit, ce serait dommage de s'en priver !

Activités enfants Tout au long de l'année, la section CaixaForum Kids programme des ateliers, des cycles de cinéma et des visites d'expositions en famille. Consulte la programmation sur le site Web.

Av. Francesc Ferrer i Guàrdia, 6-8 • M Espanya • obrasocial.lacaixa.es • 934 768 600
tlj 10h-20h (21h sa-di, 23h me en juil-août) • gratuit

Se laisser éblouir par l'art catalan

au Museu Nacional d'Art de Catalunya (MNAC)

JEU DANS LE LIVRET ENFANT VOIR PAGE 6

A partir de 6 ans **La collection d'art roman du MNAC lui confère une renommée internationale largement méritée. À vous d'en juger de vos propres yeux !**

Le **musée national d'Art de Catalogne** est installé dans le Palais national, un bâtiment monumental néobaroque construit à l'occasion de l'Exposition universelle de 1929. Il constitue un mirador privilégié sur la ville en offrant une **vue panoramique** depuis son esplanade. Entre l'exposition permanente et les nombreuses expositions temporaires, la visite peut s'avérer très longue. Notre recommandation est donc de vous concentrer sur les sections dédiées à l'**art roman** et l'**art gothique**, dont les collections font la renommée internationale du MNAC.

Les œuvres exposées sont éblouissantes, même si vous n'avez a priori aucun intérêt pour l'art religieux. Grâce à la mise en scène particulièrement soignée et originale, notamment avec la reconstitution partielle d'églises, cette visite est très accessible, même pour les enfants. Pour rendre cette découverte de l'art roman catalan amusante et instructive pour nos jeunes visiteurs, munissez-vous de notre livret enfants où vous trouverez un jeu de piste : **"Jeu au MNAC"**.

À gauche de l'entrée se trouve une enfilade de 21 salles consacrées à l'**art roman**. Vous y verrez de splendides fresques provenant de petites églises catalanes qui ont été reproduites grandeur nature afin que le visiteur puisse se les représenter comme dans leur cadre d'origine. Ne manquez pas l'un des chefs-d'œuvre : l'**abside de Sant Climent de Taüll**, datant du XIIe siècle. En face se trouve la section consacrée à l'**art gothique** avec ses retables richement décorés, dont celui de **sainte Barbara** ou celui de **saint Michel** et **saint Stéphane**, pour n'en citer que deux parmi des dizaines, tous plus éblouissants les uns que les autres.

La section dédiée à l'**art moderne** est également intéressante. Elle retrace l'effervescence artistique qui secoua Barcelone à partir du XIXe siècle, donnant naissance à différents courants comme le modernisme. Tous les grands artistes de l'époque y

Roman ou gothique ?
Du XIe siècle à la seconde moitié du XIIe siècle, les églises sont construites en style roman. Puis, grâce à la maîtrise de nouvelles techniques, les édifices religieux vont devenir plus grands, plus hauts et se parer de vitraux, de rosaces et de grandes fenêtres. On parle alors de style gothique. Ce mouvement artistique va dominer du XIIe au XVe siècle.

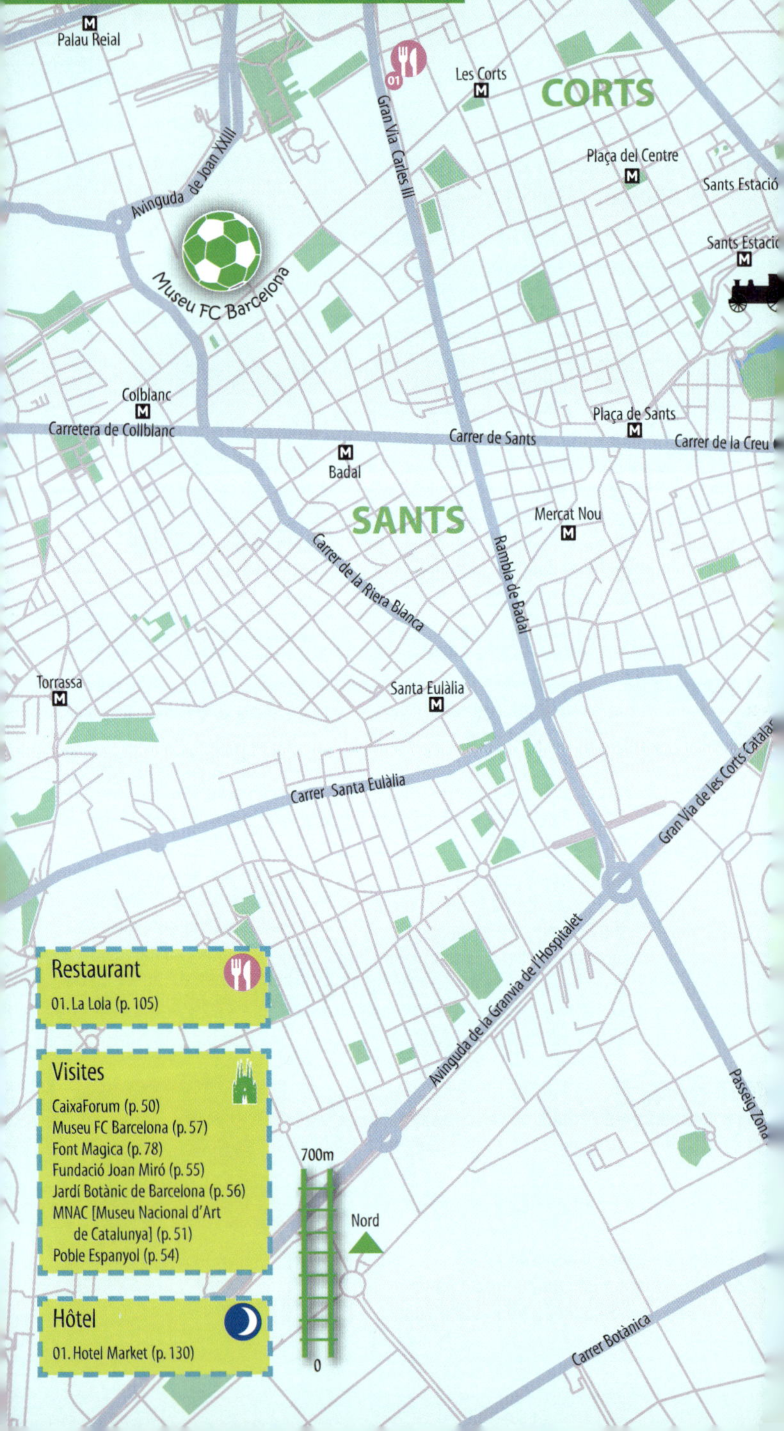
Palau Reial
01
Les Corts
CORTS
Gran Via Carles III
Avinguda de Joan XXIII
Plaça del Centre
Sants Estació
Sants Estacio
Museu FC Barcelona
Colblanc
Carretera de Collblanc
Carrer de Sants
Plaça de Sants
Carrer de la Creu
Badal
SANTS
Mercat Nou
Carrer de la Riera Blanca
Rambla de Badal
Torrassa
Santa Eulàlia
Carrer Santa Eulàlia
Gran Via de les Corts Catalan
Avinguda de la Granvia de l'Hospitalet
Passeig Zona
Carrer Botànica
700m
0
Nord
Restaurant
01. La Lola (p. 105)
Visites
CaixaForum (p. 50)
Museu FC Barcelona (p. 57)
Font Magica (p. 78)
Fundació Joan Miró (p. 55)
Jardí Botànic de Barcelona (p. 56)
MNAC [Museu Nacional d'Art de Catalunya] (p. 51)
Poble Espanyol (p. 54)
Hôtel
01. Hotel Market (p. 130)

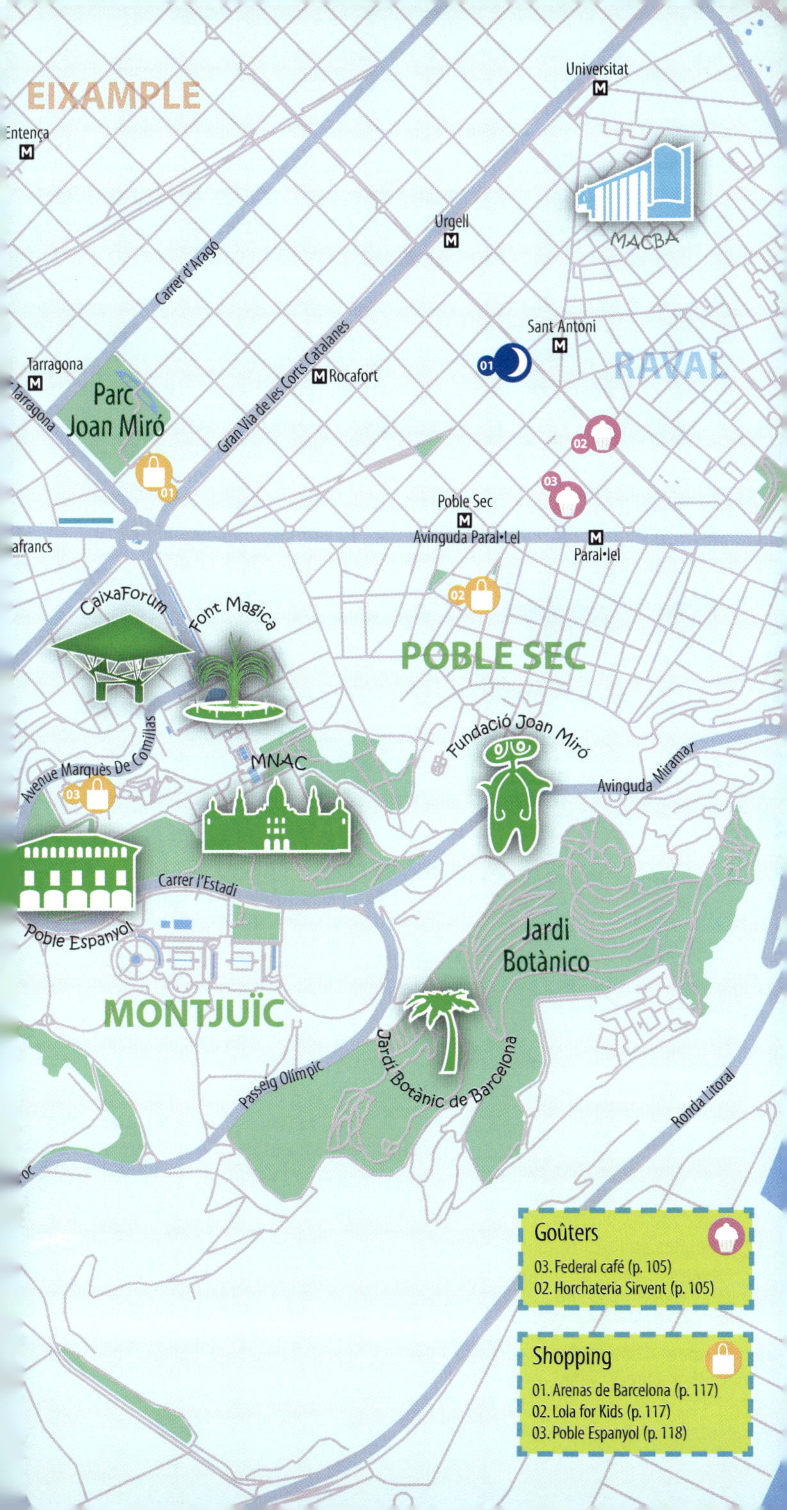
EIXAMPLE
Entença
Universitat
Urgell
MACBA
Carrer d'Aragó
Sant Antoni
01
RAVAL
Tarragona
Parc Joan Miró
Gran Via de les Corts Catalanes
Rocafort
02
03
01
Poble Sec
Avinguda Paral•Lel
Paral•lel
CaixaForum
Font Magica
02
POBLE SEC
Fundació Joan Miró
Avenue Marquès De Comillas
MNAC
03
Avinguda Miramar
Carrer l'Estadi
Poble Espanyol
Jardi Botànico
MONTJUÏC
Jardí Botànic de Barcelona
Passeig Olímpic
Ronda Litoral
Goûters
03. Federal café (p. 105)
02. Horchateria Sirvent (p. 105)
Shopping
01. Arenas de Barcelona (p. 117)
02. Lola for Kids (p. 117)
03. Poble Espanyol (p. 118)

sont représentés : **Salvador Dalí, Santiago Rusiñol** et **Pablo Picasso** pour la peinture, **Josep Llimona** pour la sculpture et, bien sûr, **Antoni Gaudí** pour le mobilier.

Activités enfants Dans l'espace educArt, vos chérubins pourront dessiner, jouer, approfondir leurs connaissances sur l'art ou feuilleter des livres illustrés. Conçu comme un espace de repos et d'apprentissage, educArt est ouvert toute la journée et accessible gratuitement (l'entrée se trouve à côté de la Sala Oval).

Notre conseil Prévoyez une petite pause dans le café en plein air du musée. Les enfants pourront jouer sur l'esplanade tandis que vous profiterez du somptueux panorama. Le restaurant **Òleum** situé au 1er étage propose un excellent brunch le dimanche.

Parc de Montjuïc • M Espanya • mnac.cat • 936 220 376 • ma-sa 10h-18h (20h en été), di 10h-14h30 • adulte 12 €, enfant (- 16) gratuit (gratuit 1er dimanche du mois et le samedi à partir de 15h) ONYVA ! ☐

JEU DANS LE LIVRET ENFANT VOIR PAGE 10

Visiter l'Espagne

au Poble Espanyol

Tous âges **Dans ce village grandeur nature, tous les bâtiments sont de fidèles répliques de l'architecture régionale espagnole. Une façon originale de visiter l'Espagne sans avoir à se déplacer très loin.**

Le Poble Espanyol est un héritage de l'Exposition universelle de 1929. Conçu comme un véritable village à l'intérieur de la ville et occupant une surface de 50 000 m^2, il ne devait exister que durant six mois mais, suite à son succès, il fut décidé de le conserver. À l'intérieur, vous découvrirez une réplique grandeur nature de **villages espagnols typiques**, avec places, ruelles, mairie et monastère... le tout sans voitures !

Au total, quelque **117 bâtiments** ont été reproduits dans l'enceinte du Poble Espanyol, offrant un florilège de l'architecture régionale espagnole : patios de Cordoue, places de Castille, maisons blanches de Cadix, façades gothiques de Cáceres... Le réalisme est saisissant et vous donnera certainement l'envie de revenir en Espagne pour visiter d'autres villes que Barcelone. Pour rendre cette visite encore plus amusante pour nos jeunes visiteurs, nous avons

Un grand voyage
Deux architectes et deux artistes furent embauchés pour concevoir le Poble Espanyol. Ensemble, ils visitèrent, durant deux ans, 1 600 villes et villages pour trouver leur inspiration et reproduire les plus beaux exemples de l'architecture espagnole. Faute de temps, ils ne purent se rendre aux Îles Baléares et durent s'inspirer d'une simple photographie.

conçu, dans le livret enfants, le **"Jeu dans le Poble Espanyol"**. Le village abrite également un petit **musée d'Art contemporain**, la Fundació Fran Daurel, où vous pourrez voir des œuvres de Picasso, Tàpies, Dalí, Miquel Barceló, etc. Cette collection est complétée par un charmant **jardin des Sculptures**, qui expose une trentaine d'œuvres en plein air. Côté shopping, vous aurez de quoi faire ! Le Poble Espanyol abrite une vingtaine de boutiques et une quarantaine d'ateliers où les enfants pourront découvrir des artisans à l'œuvre.

Notre conseil Faites plutôt la visite un dimanche car des ateliers, des défilés folkloriques et des spectacles de marionnettes sont organisés ce jour-là. De nombreux restaurants sont installés dans l'enceinte du village, mais vous pouvez aussi apporter des provisions car des zones de pique-nique ont été aménagées.

Activités enfants Des ateliers pour les enfants sont organisés tous les dimanches, offrant une programmation variée de loisirs créatifs (fabrication de bougies, de marque-pages, de déguisements avec des éléments recyclés, etc.).

Av. de Francesc Ferrer i Guàrdia, 13 · M Espanya · poble-espanyol.com · 935 086 300 · tlj 9h-0h (lu 20h, ve 3h, sa 4h) · adulte 11 €, enfant (4-12) 6,25 € ON Y VA !

Trouver l'inspiration
à la Fundació Joan Miró

A partir de 5 ans **Vos petits vont découvrir un artiste qui a su garder son âme d'enfant. Son univers onirique, peuplé d'oiseaux et d'étoiles, pourrait même créer des vocations.**

Peintre du rêve et de la fantaisie, Joan Miró (1893-1983) est l'un des principaux représentants du mouvement **surréaliste**. La simplicité apparente de ses toiles ferait presque penser à des dessins d'enfant, d'autant que son univers artistique est peuplé d'oiseaux, de clairs de lune et d'étoiles. Pensez donc à prendre du papier et des crayons de couleur : vos petits pourront allègrement imiter les toiles exposées !

La fondation Joan Miró se dresse au cœur du parc de Montjuïc, dans un magnifique bâtiment tout blanc de style rationaliste qui surplombe la ville. La collection

s'organise de manière chronologique et retrace les grandes étapes de l'œuvre de Miró. La fondation accueille également des expositions temporaires, généralement de grande qualité. N'oubliez pas de visiter la terrasse où vos petits pourront prendre la pose aux côtés des sculptures colorées et pleines de fantaisie qui peuplent cet espace. En sortant, jetez un coup d'œil au joli **jardin des Sculptures** qui présente les œuvres de jeunes artistes.

Activités enfants La fondation programme tout au long de l'année des ateliers de création (peinture, collage, illustration) et accueille régulièrement des spectacles pour les petits (à partir de 3 ans).

Av. Miramar • M Paral·lel puis funiculaire de Montjuïc • fundaciomiro-bcn.org • 934 439 470 • ma-me, ve-sa 10h-19h (oct-juin), 10h-20h (juil-sept), je 10h-21h30, di 10h-14h30 • adulte 11 €, enfant (-14) gratuit • audioguide 5 €

ON Y VA !

Observer la flore

au Jardí Botànic de Barcelona

Tous âges **Après avoir visité le jardin botanique de Barcelone, vos petits seront incollables sur les espèces méditerranéennes.**

Accroché au flanc de la montagne de Montjuïc, le jardin botanique de Barcelone couvre une superficie de 14 ha et abrite une collection de plus de **2 000 plantes** provenant d'Australie, de Californie, des pays méditerranéens, d'Afrique du Sud et du Chili. Ces plantes ont en commun leur adaptation au climat méditerranéen, qui se caractérise par des étés chauds et secs et des hivers doux et humides.

Vous profiterez au passage d'une **belle vue** sur Barcelone et le delta du Llobregat. Lors de cette balad bucolique, vous pourrez observer de multiples espèce végétales, parmi lesquelles de gigantesques palmiers, des séquoias et des cactus.

Notre conseil Évitez de faire cette visite durant l'été, car la sécheresse estivale n'est pas la meilleure alliée de la flore.

Dr. Font i Quer, 2 • M Espanya puis bus n° 193 • jardibotanic.bcn.es • 932 564 160 • tlj 10h-19h (18h mars-o 20h juin-août) • adulte 3,50 €, enfant (-16) gratuit

ON YV

Se prendre pour une star du foot

au Museu FC Barcelona

A partir de 5 ans Le musée du FC Barcelona est logé dans le stade du Camp Nou. Si vous ne jurez que par Messi, Xavi et Iniesta, une visite s'impose !

Incroyable, mais vrai : le musée du FC Barcelona est le 3e musée **le plus visité** d'Espagne, après le Prado et le Reina Sofía, et le 1er en Catalogne. Entièrement dédié à la gloire du mythique club barcelonais, il retrace l'**histoire du Barça** à travers une exposition de trophées, de photos et de maillots.

Grâce aux écrans tactiles et aux panneaux interactifs, vos bambins découvriront une multitude d'informations sur leurs joueurs préférés, avant de prendre fièrement la pose à côté de l'un des nombreux trophées remportés par le club. On apprend notamment que Messi est le meilleur buteur de l'histoire du Barça, tandis que Xavi est le joueur qui a disputé le plus de matchs au sein du club.

Lors de la visite, vous pourrez également découvrir le Camp Nou depuis ses gradins. Avec une capacité de près de **100 000 spectateurs**, il est le plus grand stade d'Europe. Malgré cela, il est assez difficile d'obtenir des entrées aux matchs, car les 180 000 adhérents au club ont priorité sur l'achat des tickets. Néanmoins, nous avons des solutions à vous proposer (p. 78).

Notre conseil Achetez vos billets en ligne pour éviter les longues files d'attente aux caisses.

Av. Arístides Maillol • M Palau Reial, Collblanc • fcbarcelona.es • 934 963 600 • lu-sa 10h-20h (1er avr-7 oct), 10h-18h30 (8 oct-31 mars), di 10h-14h30 • adulte 23 €, enfant (6-13) 17 € ON Y VA ! ☐

Le Barça
En Espagne, environ un quart de la population se dit sympathisant du Barça, ce qui en fait le 2e club le plus soutenu du pays derrière le Real Madrid CF. Tous deux s'opposent chaque année au cours du *Clásico*. Le Barça nourrit également une grande rivalité avec l'autre club de Barcelone, le *RCD Espanyol de Barcelona*.

Le littoral de Barcelone s'articule autour de plusieurs quartiers aux identités bien distinctes : la Barceloneta, ancien quartier de pêcheurs ; la Vila Olímpica, quartier neuf construit à l'occasion des jeux Olympiques ; le Poblenou, ancien quartier ouvrier demeurant très populaire. Les visites se concentrent principalement autour du Port Vell, vieux port de Barcelone, tandis que l'animation bat son plein dans les bars et les restaurants du Port olympique.

Braver les requins

à l'Aquàrium de Barcelona

A partir de 5 ans Vos *niños* vont pouvoir jouer à se faire peur en observant des requins leur passer au-dessus de la tête, mais en toute sécurité, rassurez-vous !

Installé au bord de l'eau, l'aquarium de Barcelone abrite environ **11 000 poissons et mammifères marins** de 450 espèces différentes. Mais la star du lieu, c'est le requin ! Deux espèces y sont représentées : le **requin-taureau** et le **requin gris** qui évoluent dans un immense bassin rempli de 4,5 millions de litres d'eau de mer. Un tapis roulant traversant ce grand bassin serpente dans un long tunnel en verre de 80 m de long, ce qui donne l'impression d'être littéralement cerné par les requins. C'est fun et ça donne des frissons. Les enfants vont adorer et les parents aussi, avouons-le.

Dans les aquariums tropicaux, vos bouts de chou pourront partir à la recherche de Nemo, qui se cache dans l'un des sept aquariums. Un indice : le héros de Pixar appartient à l'espèce du **poisson-clown** et fréquente les récifs coralliens. Dans cette section, vous verrez également une sélection des poissons les plus dangereux au monde, comme le **poisson-pierre** dont la piqûre provoque généralement une mort immédiate

Pour se protéger de leurs prédateurs, certaines espèce ont développé des mécanismes de défense très rusés : venin, décharges électriques, changement de couleur. Tous leurs secrets vous sont dévoilés. Après le tropiques, direction le froid glacial où vous tomberez sous le charme des **petits manchots**. Grâce à une mis en scène judicieuse, on peut les observer aussi bien

Manchot ou pingouin ?
Bien qu'ils se ressemblent beaucoup, ces oiseaux n'ont aucune parenté. Le manchot vit dans l'hémisphère Sud, tandis que le pingouin se rencontre dans l'hémisphère Nord, jusqu'en Bretagne. Enfin, contrairement au pingouin, le manchot ne peut pas voler, mais c'est un très bon nageur et plongeur.

lorsqu'ils nagent que lorsqu'ils sont à l'extérieur de l'eau. Pour découvrir les espèces qui vivent dans l'obscurité, vous devrez pénétrer dans la gueule d'un immense **cachalot**. À l'intérieur, le spectacle des **méduses** et des poissons bioluminescents est absolument captivant.

Enfin, vos petits ne manqueront pas de découvrir **Explora**, un espace interactif imaginé pour les enfants où sont reconstitués trois espaces naturels de la Catalogne : les marais du delta de l'Èbre, les plages de la Costa Brava et une grotte sous-marine des îles Mèdes. Ici, il est interdit de ne pas toucher !

Activités enfants Les plus téméraires pourront vivre une expérience unique en **plongeant parmi les requins** (à partir de 8 ans), tout en étant protégés par une cage métallique. C'est une bonne occasion pour se familiariser avec les techniques de plongée et, surtout, pour devenir un observateur privilégié du monde aquatique. L'aquarium propose une autre activité insolite pour les 8-12 ans : dormir avec les requins ! Renseignements sur le site Web de l'aquarium.

Moll d'Espanya del Port Vell · **M** *Drassanes* · *aquariumbcn.com* · *932 217 474* · *tlj 9h30-23h (juil-août), tlj 9h30-21h30 (juin, sept), tlj 9h30-21h (oct-mai, sa-di 21h30)* · *adulte 19 €, enfant (5-10) 11,50 € (réduction en ligne)*

ON Y VA ! ☐

Jouer au marin

à bord des Golondrinas

Tous âges **À l'abordage, moussaillons ! À bord des Golondrinas, vos petits matelots vont explorer le port ou le littoral de Barcelone en bateau.**

Située juste en face du monument de Christophe Colomb, cette compagnie maritime propose des **excursions en bateau** pour découvrir le littoral de Barcelone. Deux formules au choix : découverte du port en 35 min ou excursion le long des plages en 1h30.

La formule en 35 min promène le visiteur à travers le **port commercial**, où vous pourrez admirer les immenses bateaux de croisière qui font escale à Barcelone. Évitez cependant cette option si vous avez l'estomac délicat, car les odeurs d'essence dans le port donnent vite mal au cœur. Dans ce cas, optez plutôt

POBLE NOU
Arc de Triomf
Ronda Sant Pere
Passeig Lluís Companys
Av. Meridiana
Carrer de la Marina
Wellington
Passeig De Pujades
Parc de la Ciutadella
Parc de la Ciutadella
Ciutadella / Vila Olímpica
Ciutadella / Vila Olímpica
RIBERA
Carrer Comerç
Museu de la Xocolata
Passeig de Picasso
Zoo de Barcelona
Museu del Mamut
BORN
Carrer Salvador Espriu
Avinguda Litoral
Museu Picasso
Av. Marquès de l'Argentera
Passeig Circumval·lacio
Jaume I
MUHBA
Santa Maria del Mar
Estacio de Franca
Carrer Dr. Aiguader
Via Laietana
Barceloneta
BARCELONETA
MIBA
Museu d'Història de Catalunya
BARRI GÒTIC
Passeig Colom
Bubble Parc
Aquàrium de Barcelona
Littoral Nord
Nord
Golondrinas
Plage San Sebastià
Transbordador aeri
PORT VELL
Shopping
02. I Love Kutchi (p. 118)
01. Maremagnum (p. 118)
Restaurants
07. 7 Portes (p. 106)
08. Agua (p. 106)
06. Pez Vela (p. 106)
05. Woki Market (p. 106)
Hôtel
01. Hotel Duquesa de Cardona (p. 131)
Visites
Aquàrium de Barcelona (p. 58)
Bubble Parc (p. 62)
Golondrinas (p. 59)
Museu d'Història de Catalunya (p. 63)
Plage San Sebastià (p. 64)
Transbordador aeri (p. 62)
Tapas
02. La Bombeta (p. 106)
01. Jai-ca (p. 106)
Goûters
04. Baluard (p. 107)
03. Eyescream and Friends

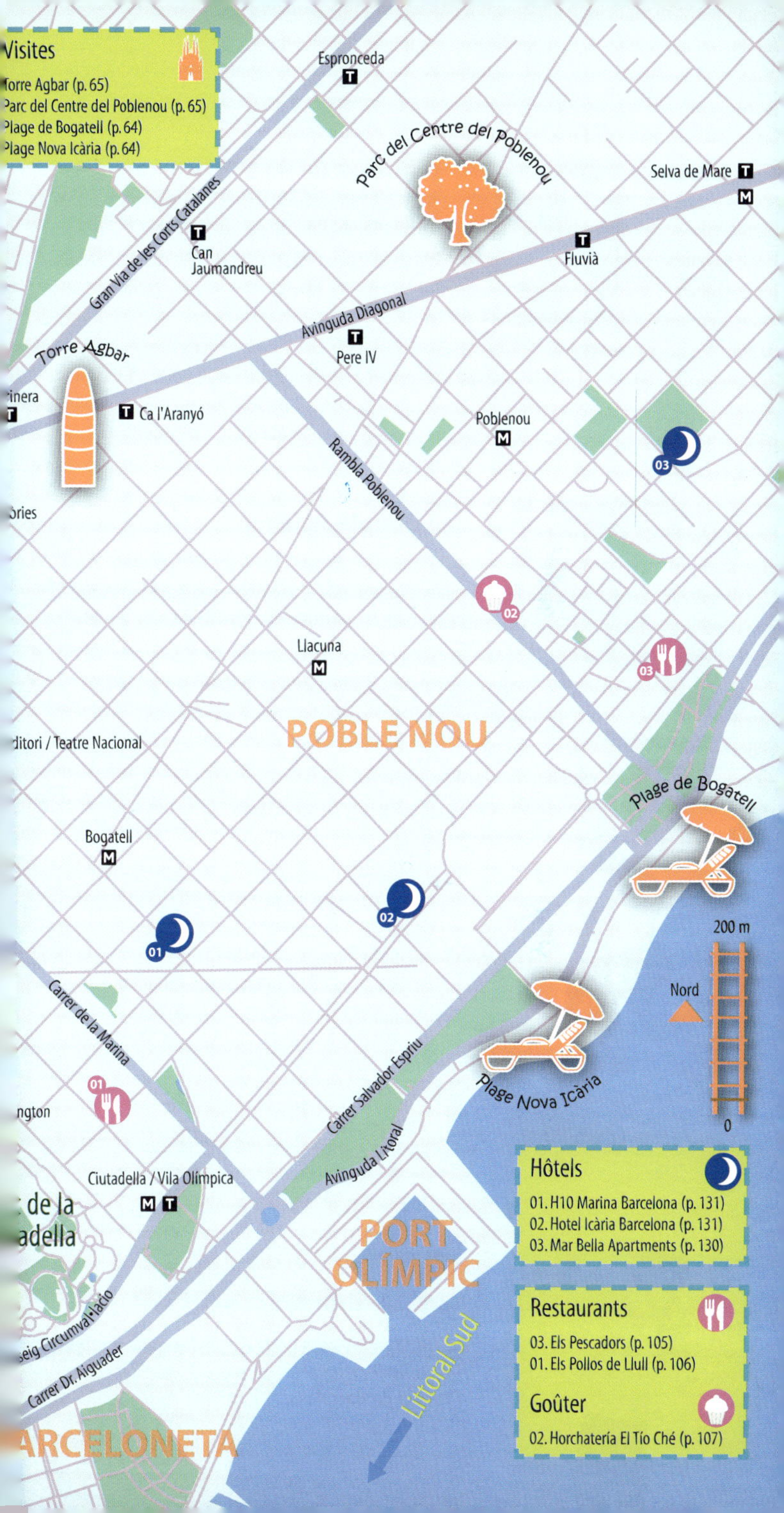

Visites
Torre Agbar (p. 65)
Parc del Centre del Poblenou (p. 65)
Plage de Bogatell (p. 64)
Plage Nova Icària (p. 64)
Espronceda
Parc del Centre del Poblenou
Selva de Mare
Gran Via de les Corts Catalanes
Can Jaumandreu
Fluvià
Avinguda Diagonal
Pere IV
Torre Agbar
Ca l'Aranyó
Poblenou
Rambla Poblenou
03
02
Llacuna
03
POBLE NOU
Teatre Nacional
Plage de Bogatell
Bogatell
02
01
200 m
Nord
0
Carrer de la Marina
01
Carrer Salvador Espriu
Plage Nova Icària
Avinguda Litoral
Ciutadella / Vila Olímpica
PORT OLÍMPIC
Carrer Dr. Aiguader
Littoral Sud
Hôtels
01. H10 Marina Barcelona (p. 131)
02. Hotel Icària Barcelona (p. 131)
03. Mar Bella Apartments (p. 130)
Restaurants
03. Els Pescadors (p. 105)
01. Els Pollos de Llull (p. 106)
Goûter
02. Horchatería El Tío Ché (p. 107)

pour l'excursion en 1h30 qui offre un **joli panorama** sur le littoral. Faites cette croisière de préférence en fin de journée pour profiter du coucher du soleil.

Moll de Drassanes • M Drassanes • lasgolondrinas.com • 934 423 106 • tlj 10h-21h (été), 10h-19h (printemps), 11h-16h (automne et hiver), fermé de mi-déc à début janv • Excursion 35 min : adulte 7€, enfant (4-10) 2,75 €, excursion 1h30 : adulte 14,80 €, enfant (4-10) 5,35 €

ON Y VA !

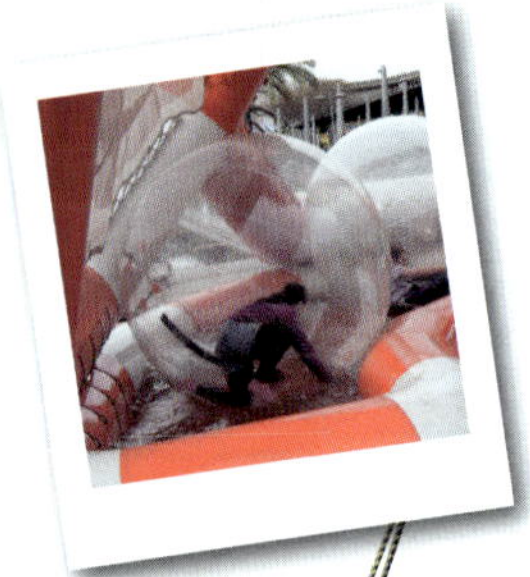

Faire l'acrobate

au Bubble Parc

A partir de 1 an **Flotter sur l'eau à l'intérieur d'une grosse bulle, faire des sauts à l'élastique vertigineux, parcourir un circuit de kart à pédales !**

Situé à côté de l'aquarium et du Maremagnum, ce petit parc d'attractions propose des expériences insolites et amusantes pour vos bouts de chou. Dans le **bungydome** (à partir de 2 ans), vos petits feront de gigantesques sauts à l'élastique en rebondissant sur un trampoline, tandis que le **Triketrak** (à partir de 5 ans) permet de parcourir un circuit de kart à pédales.

Le **bubblepod** est probablement l'attraction la plus amusante pour les enfants : enfermé dans une grande bulle transparente, le participant flotte sur l'eau tout en essayant de tenir debout. Fous rires garantis ! C'est le moment de filmer pour garder ce moment mémorable et le revoir dans quelques années. Quant aux plus petits (à partir de 1 an), ils pourront conduire leur propre **bateau à moteur** sur les eaux d'une piscine, comme s'il s'agissait d'une auto-tamponneuse flottante.

Moll d'Espanya del Port Vell • M Drassanes • bubbleparc.com • tlj 12h-0h (juin-sept), 10h-22h (oct-avril sa-di et vac. scol.) • 6 € (1 attraction), 20 € (5 attractions)

ON Y VA !

Survoler Barcelone

en Transbordador aeri

Tous âges **Êtes-vous prêts à prendre de la hauteur ? Ce téléphérique offre un parcours vertigineux entre le port de Barcelone et la colline de Montjuïc.**

Construit à l'occasion de l'Exposition universelle de 1929, le téléphérique relie le port de Barcelone et la colline de Montjuïc. Le départ s'effectue depuis le sommet de la tour de Sant Sebastià, à 78 m de hauteur. À bord d'une petite cabine, vous profiterez d'un **panorama splendide** sur le port, le centre-ville et la Méditerranée. Évidemment, mieux vaut ne pas avoir le vertige !

À l'arrivée, le téléphérique vous dépose sur un flanc de la colline de Montjuïc, à 56 m au-dessus du niveau de la mer. Le trajet dure environ 10 min et parcourt près de 1 300 m.

Notre conseil Achetez simplement un billet aller, plus économique, et profitez de l'occasion pour visiter Montjuïc. À partir de là, vous pourrez facilement rejoindre le centre-ville en bus ou en métro.

Torre de Sant Sebastià, au bout du Passeig Joan de Borbó • M Barceloneta • telefericodebarcelona.com • 934 304 716 • tlj 11h-20h (juin - mi-sept), 11h-19h (mi-sept-mi-oct et mars-début juin), 10h-17h30 (mi-oct-fin fév) • adulte et enfant (+6) 10 € l'aller, 15 € l'aller-retour ONYVA ! ☐

Se prendre pour un chevalier

au Museu d'Història de Catalunya

À partir de 6 ans **Dans ce musée ludique et bien pensé, vos petits découvriront la riche histoire de la Catalogne tout en s'amusant.**

Le **musée d'Histoire de la Catalogne** occupe d'anciens entrepôts construits en 1900 qui forment un bel exemple d'architecture portuaire. À l'intérieur, vous découvrirez un musée ludique et interactif qui retrace l'histoire de la Catalogne depuis la préhistoire jusqu'à l'époque contemporaine, à travers une riche collection permanente.

La visite s'organise de façon chronologique autour de **8 sections thématiques**, dans lesquelles vous découvrirez des reconstitutions d'événements historiques ou de scènes de la vie quotidienne, ainsi que de nombreux documents audiovisuels et des écrans interactifs. L'exposition aborde également les

thèmes de l'identité et de la culture catalanes. La mise en scène des collections étant parfaitement adaptée aux familles, vos bambins ne risquent pas de s'ennuyer. Lors de la visite, ils auront notamment l'occasion de moudre du grain à la manière des Celtibères, de monter à cheval comme un chevalier ou encore d'essayer une véritable armure !

Plaça de Pau Vila, 3 • Ⓜ Barceloneta • mhcat.cat • mar-sa 10h-19h (me 20h, di 14h30) • adulte 4 €, enfant (7-18) 3 €, gratuit le 1er di du mois

ON Y VA ! ☐

Piquer une tête
à la plage

Tous âges La douceur du climat permet de profiter des joies de la baignade de début juin à fin septembre. Alors, ne vous en privez pas. Zou, direction la plage !

Constitué de plus de 4 km de plages, le littoral de Barcelone présente d'excellentes infrastructures pour profiter de la plage en famille : douches et toilettes publiques, terrains de volley, jeux pour enfants, sports nautiques. Cependant, choisissez bien l'endroit où vous poserez votre serviette, car le public, l'ambiance et la propreté varient beaucoup d'une plage à l'autre.

Nos plages préférées sont **Sant Sebastià**, au pied de l'hôtel Vela (Ⓜ Barceloneta). Ce coin du littoral est propre et tranquille, avec plusieurs restaurants juste à côté. **Bogatell** (Ⓜ Poblenou) est fréquentée par un public familial, tandis que **Nova Icària** (Ⓜ Ciutadella-Vila Olímpica) attire aussi bien des groupes d'étudiants que des familles. Cette dernière se trouve près du Port olympique, un coin très animé où de nombreux restaurants servent des paellas et des fruits de mer, en bord de plage.

Notre conseil Évitez les plages de **Sant Miquel** et de **Barceloneta**. Rapides d'accès depuis le Ⓜ Barceloneta, ces deux plages sont les plus fréquentées et, par conséquent, les plus sales en fin de journée. Sachez également que la plage **Mar Bella** accueille un espace réservé aux nudistes, à éviter donc si vous n'êtes pas adepte de cette pratique.

Ⓜ Barceloneta, Ciutadella-Vila Olímpica, Bogatell, Llacuna, Poblenou

☐ ON Y VA !

Se mettre au vert

au Parc del Centre del Poblenou

Tous âges **Promenade dans un décor futuriste avec sculptures géantes, paysages lunaires et chemins en forme de cratères amuseront vos lutins.**

Imaginé par l'architecte français **Jean Nouvel**, célèbre pour ses œuvres avant-gardistes, ce parc couvre une superficie de plus de 5 ha.
La végétation méditerranéenne est à l'honneur avec de nombreux cactus, palmiers et bougainvilliers. Mais ce parc mérite surtout un coup d'œil pour ses **structures futuristes** qui semblent tout droit sorties d'un film de science-fiction ! Ainsi, vos bambins pourront parcourir le chemin en forme de spirale qui simule la forme d'un cratère ; observer les "puits du ciel", de grandes structures métalliques couvertes de fleurs et de lianes ; admirer d'immenses jardinières verticales ou encore traverser un curieux paysage lunaire. Le parc abrite également des zones de jeux, des tables de ping-pong et un terrain de pétanque.

Avinguda Diagonal, 130 · M Poblenou · tlj 10h jsq coucher du soleil ONYVA !

Admirer les lumières

de la Torre Agbar

Tous âges **Surnommée le "suppositoire", cette drôle de tour illumine tous les soirs le ciel de Barcelone.**

La curieuse forme cylindrique de la Torre Agbar est l'objet de nombreuses boutades, certains la comparant à un gigantesque suppositoire ! En réalité, ses lignes ont été inspirées par la montagne de Montserrat et par l'œuvre de Gaudí. Construite par l'architecte français **Jean Nouvel** (eh oui, encore lui !), cette tour avant-gardiste s'élève à 142 m de hauteur. Siège de la Compagnie des eaux de Barcelone, elle ne se visite pas. En revanche, vous pourrez admirer tous les soirs son éclairage flamboyant constitué de plus de 4 500 lumières aux reflets bleus et rouges.

Avinguda Diagonal, 211 · M Glòries · torreagbar.com · 933 422 000 · illuminations : 19h-23h en hiver, 21h-0h en été ONYVA !

La tour Agbar en chiffres
142 m de hauteur,
34 étages,
4 500 fenêtres,
25 000 m³ de béton,
40 couleurs différentes,
250 t d'acier,
60 000 lames de verre,
1 174 professionnels ont participé à ce chantier.

Dans la zone chic du Tibidabo se concentrent les plus belles maisons de la ville, tandis que les alentours du Park Güell sont nettement plus populaires. Ces deux zones ont pourtant en commun leur environnement verdoyant, leur caractère résidentiel et leur point de vue privilégié sur la ville. Pensez à prendre de bonnes chaussures pour cette échappée belle dans les hauteurs de Barcelone, car ici ça grimpe. Mais quelle vue, une fois arrivé en haut !

Découvrir une salamandre

au Park Güell

Tous âges Ce grand parc de 17 ha, présidé par son emblématique salamandre, est probablement l'œuvre la plus féerique de Gaudí.

Digne d'un véritable conte de fées, le Park Güell est le résultat d'un **projet inachevé de cité-jardin**. À l'origine, l'industriel catalan Eusebi Güell a souhaité transformer ce vaste terrain en zone résidentielle, prévoyant la construction d'une soixantaine de maisons autour d'un grand jardin central. Pour cela, il a fait appel une fois de plus à l'architecte Antoni Gaudí, dont il a été le mécène tout au long de sa vie.

Les travaux débutent en 1900, mais le projet est un échec commercial. Seules deux parcelles sont édifiées : l'une pour la maison de Gaudí (actuelle **Casa-Museu Gaudí**) et l'autre pour la **Casa Trias** qui demeure une propriété privée. Cet échec s'explique en grande partie par l'emplacement de la cité-jardin dans une zone éloignée du centre-ville et alors peu urbanisée. En 1914, les travaux sont stoppés et la cité-jardin devient un parc public à partir de 1926.

Destinées à l'origine au concierge et aux bureaux administratifs, les deux maisonnettes à l'entrée du parc plongent immédiatement le visiteur dans un univers plein de fantaisie. Observez par exemple les fenêtres de la **Casa del Guarda** : elles sont entourées de céramiques multicolores semblables à des dragées !

Trônant fièrement sur l'escalier principal, la fameuse **salamandre** est devenue la mascotte du Park Güell et l'un des emblèmes de Barcelone.

L'escalier mène ensuite à une salle constituée de **86 colonnes** qui, à l'origine, devait accueillir le marché de la cité-jardin. Au niveau supérieur s'ouvre une immense esplanade bordée d'un banc ondulant couvert de *trencadís* (technique d'assemblage de céramiques chère à Gaudí). Véritable mirador sur la ville, cette grande place circulaire accueille une buvette.

Différentes allées permettent de parcourir le parc, qui s'étend sur plus de **17 ha**. En chemin, on traverse de curieux viaducs aux réminiscences préhistoriques que Gaudí avait imaginés pour la circulation des calèches.

La visite de la **Casa-Museu Gaudí** permet de découvrir l'univers intime de l'architecte, car c'est ici qu'il vécut pendant 20 ans. On peut notamment visiter sa chambre qui surprend par son austérité et admirer de belles pièces de mobilier, telles les chaises à tête de chat, plutôt surprenantes !

Activités enfants Vous trouverez des tables pour pique-niquer ou goûter sur place, ainsi que des aires de jeux.

Notre conseil L'entrée du parc étant relativement éloignée du métro, nous vous conseillons d'opter pour le bus. Plusieurs lignes permettent d'y accéder, notamment la ligne 24, qui passe par la Plaça de Catalunya et le Passeig de Gràcia.

Carrer d'Olot, 5 • M Lesseps, Vallcarca • parc : parkguell.es, 934 132 400, tlj de 10h au coucher du soleil • Casa-Museu Gaudí : casamuseuGaudí.org, 932 193 811, tlj 10h-18h (oct-mars), 10h-20h (avr-sept), adulte 5,50 €, enfant (- 10) gratuit ON Y VA !

La Casa-Museu Gaudí
À l'origine, il s'agissait d'une maison-témoin construite par l'un des disciples de Gaudí, Francesc Berenguer, dans le cadre de la promotion de la cité-jardin. Face à l'échec du projet immobilier, Gaudí décida de la racheter et de s'y installer.

Découvrir Gaudí en 4D

au Gaudí Experiència

A partir de 6 ans **Accrochez votre ceinture et enfilez vos lunettes 4D pour vivre l'expérience Gaudí !**

Situé à deux pas de l'entrée du Park Güell, cet espace propose une immersion dans l'univers de Gaudí à travers des écrans interactifs et une projection en 4D. Les écrans fonctionnent comme une tablette iPad, une façon assez ludique de découvrir les œuvres de Gaudí. L'intérêt principal de la visite réside dans la projection d'un court film (9 min) en 4D sur les sources

Expiatori
del Sagrat Cor
Tibidabo
TIBIDABO
Carretera Vallvidrera Tibidabo
Plaça del
Doctor An
Universitat Oberta
Av.
Muse
de l
Ciènci
CosmoCaixa
Ronda de Dalt
350 m
0
Nord
Visites
CosmoCaixa (p. 70)
Expiatori del Sagrat Cor (p. 67)
Gaudí Experiència (p. 67)
Parc de la Creueta del Coll (p. 70)
Park Güell (p. 66)
Tibidabo (p. 72)

Pique-nique
01. Park Güell (p. 107)
Ronda de Dalt
Carrer Granja Vella
Carrer de Lisboa
Carrer Coll i Alentorn
Vall d'Hebron
El Carmel
El Coll / La Teixonera
Parc de la Creueta del Coll
Parc de la Creueta del Coll
Ronda de Dalt
Penitents
Park Güell
Park Güell
GRÀCIA
Gaudí Experiència
01
Carrer Esteve Terradas
Avinguda República Argentina
Vallcarca
F. Kennedy
Avinguda Vallcarca
Jardins del Turó del Putget
Travessera de Dalt
Lesseps
Carrer de Balmes
Ronda del General Mitre
Avinguda Princep d'Astúries
Fontana

d'inspiration de Gaudí. Fauteuils dynamiques, effets sensoriels (frottements, eau, etc.) et images en 4D vous réservent des sensations fortes. Le prix est cependant vraiment excessif pour seulement 30 min.

Carrer Larrard, 41 • M Lesseps, Vallcarca • Gaudiexperiencia.com • 932 854 440 • tlj 10h-18h (20h l'été) • adulte 9 €, enfant (- 14) 7,50 € ON Y VA !

Faire trempette

au parc de la Creueta del Coll

Tous âges **Ce joli parc abrite un grand lac artificiel qui se transforme chaque été en piscine pour toute la famille. Histoire de se rafraîchir un peu !**

Situé tout près du Park Güell, ce parc de 3 ha abrite un grand lac artificiel qui se transforme en piscine aux beaux jours. Peu profonde et accessible par des rampes, cette **grande piscine** est idéale pour se baigner avec vos bambins. Le parc abrite également une aire de jeux avec des toboggans et des tables de ping-pong, ainsi qu'une buvette et une grande terrasse.

Notre conseil Même si ce parc est proche du Park Güell, nous vous conseillons de prendre le bus, car ça grimpe sérieusement dans ce coin de Barcelone ! Le plus simple, en sortant du Park Güell, est de prendre la ligne de bus 92 qui vous conduira directement au Parc de la Creueta del Coll en moins de 10 min (descendez à l'arrêt Passeig Mare de Déu del Coll-Baixada Solanell).

ON Y VA !

Passeig de la Mare de Déu del Coll, 77 • M Penitents, Coll Teixonera • tlj 10h-20h30h de mi-juin à mi-sept • adulte 5,10 € (di 6,40 €), enfant (3-16) 3,20 € (di 3,80 €)

Faire des découvertes

au CosmoCaixa

A partir de 3 ans **Comprendre les lois fondamentales de la nature ? Observer les espèces les plus redoutables de la jungle ? Ce musée des Sciences a de quoi occuper et amuser vos bambins.**

Entièrement dédié aux sciences, le musée CosmoCaixa couvre une surface de 30 000 m² répartis entre un bâtiment moderniste de 1904 et une annexe ultramoderne. Vos petits s'amuseront comme des fous dès l'entrée, en empruntant la **rampe hélicoïdale**, formée autour d'un tronc d'arbre de 21 m de haut, qui donne accès aux divers étages du musée.

Dans l'espace du **Mur géologique**, vos bambins découvriront que les surfaces rocheuses se lisent comme un livre ouvert ! 7 blocs rocheux, pesant près de 100 t, sont exposés dans une immense salle. Chaque échantillon est accompagné d'une expérience permettant de comprendre les différents processus géologiques qui sont à l'origine des roches : érosion, sédimentation, volcanisme, etc.

La **Forêt inondée** propose un parcours à travers la jungle amazonienne sur plus de 1 000 m². Dans ce riche écosystème, vous découvrirez des arbres impressionnants, des poissons tropicaux, des oiseaux et plus de 80 espèces végétales. Vos loustics pourront jouer à se faire peur en observant, à travers les vitres du bassin, deux des espèces les plus redoutables de la jungle : l'**anaconda** et le **caïman** ! Ne manquez pas non plus le spectacle frénétique des fourmis, qui s'agitent à l'intérieur d'une **grande fourmilière** reconstituée.

La **Salle de la Matière** nous conduit 13,7 milliards d'années en arrière, au moment de la formation de l'univers. Dans un premier temps, une série d'expériences permettent de comprendre les lois fondamentales de la nature, telles que l'optique, les ondes, la radiation ou les lois de Newton. L'exposition s'intéresse ensuite aux origines de la vie à travers le thème de la génétique, puis à la matière intelligente en explorant la question des neurones, et enfin à la matière "civilisée" née du processus de connaissance. Vous aurez intérêt à être calé en la matière pour répondre aux questions de vos petits, car les textes ne sont pas en français ! Rassurez-vous, l'exposition étant très interactive, vos enfants devront surtout toucher et observer les différentes expériences pour assimiler ces concepts parfois difficiles.

Clou de la visite, le **Planétarium** propose aux *niños* de s'embarquer dans un incroyable voyage en 3D à travers l'espace (session 2 €, projection environ toutes les heures). Après avoir enfilé les lunettes de circonstance, vos bambins observeront sur la grande coupole des images en 3D plus vraies que nature !

En sortant, ne manquez pas la **Place de la Science**, une grande esplanade en plein air de 5 000 m² où sont exposées plusieurs installations interactives. Elle abrite notamment une **station météorologique** où vos petits curieux découvriront comment il est possible de prévoir le temps à venir, en mesurant la température, la pression et l'humidité.

Activités enfants Tous les week-ends et jours fériés, le musée CosmoCaixa organise l'atelier *Toca, toca !* à 11h, 13h, 14h, 15h et 17h. L'objectif de cet atelier est de sensibiliser le visiteur aux questions de protection de l'environnement à travers le toucher. L'occasion pour vos *niños* (dès 3 ans) de toucher des tortues ou des étoiles de mer. Le musée propose également tous les week-ends à 12h l'atelier *Clik*, qui permet aux petits de 3 à 6 ans de faire de véritables découvertes scientifiques. Notez que ces activités sont payantes mais très abordables (1,50 €).

ON Y VA !

Carrer Isaac Newton, 26 • FGC Av. Tibidabo • obrasocial.lacaixa.es • 932 126 050 • tlj 10h-20h (sf lu hors vac. scol.) • adulte 3 €, enfant (+ 7) 2 €, gratuit le 1er di du mois

Voltiger dans les airs

au Tibidabo

Tous âges **Au sommet de cette colline qui domine Barcelone, les enfants vont pouvoir se défouler dans ce parc d'attractions du Tibidabo.**

Culminant à 500 m au-dessus du niveau de la mer, la colline du Tibidabo offre le plus **beau panorama** sur Barcelone. Son parc d'attractions centenaire, parfois critiqué pour ses installations un peu vieillottes, offre pourtant un charme sans égal et des attractions qui feront le bonheur des petits et même des plus grands.

Le parc est réparti sur 6 niveaux. Parmi les attractions phares, l'**Atalaya** réserve son lot de sensations fortes. Cette attraction inaugurée en 1921 ne semble pas bien méchante. Pourtant, lorsque l'on se retrouve à 50 m d'altitude, coincé à l'intérieur d'une sorte de monte-charge circulaire, on n'en mène pas large !

Pour prolonger leurs émotions, vos bambins pourront voler dans les airs à bord de l'**Avion**, faire des tours à 360° dans l'**Hurakan** ou s'aventurer sur les courbes sinueuses de la **Montagne russe**. Les tout petits, quant à eux, pourront découvrir l'Ouest américain à dos de poney, faire un tour en train à bord du **Tchu Tchu Tren** et percer les mystères du **Château mystérieux**.

Installé dans un ancien théâtre construit en 1909, le **Museu dels Autòmats** abrite une collection d'automates, de jouets mécaniques et de vieilles machines à pièces datant du XIXe et du début du XXe siècle. Ces trésors, qui proviennent des quatre coins du monde, forment une splendide collection.

Dominant le parc d'attractions et l'ensemble de la ville, le **Temple Expiatori del Sagrat Cor** est une église construite durant la première moitié du XXe siècle. Il est possible d'accéder à son sommet par ascenseur (2 €), mais le panorama est déjà tout à fait impressionnant au premier niveau. Ne manquez pas pour autant d'admirer les sculptures de la façade principale, réalisées par Eusebi Arnau, l'un des plus grands sculpteurs du modernisme catalan.

Notre conseil Rejoindre le Tibidabo n'est pas une mince affaire. Il faut d'abord prendre un train FGC jusqu'à l'arrêt Av. Tibidabo, puis le tram (4,80 € A/R) et enfin le funiculaire (4 € A/R). Optez plutôt pour la ligne de bus Tibibús qui relie directement la Plaça de Catalunya et le sommet du Tibidabo (2,80 € le trajet) toutes les 20 min environ. C'est moins folklorique que le funiculaire, mais plus rapide et plus économique. Vous pouvez pique-niquer à l'intérieur du parc d'attractions, pensez à prendre des provisions.

Plaça del Tibidabo • FGC Av. Tibidabo ou ligne de bus Tibibús • tibidabo.cat • 932 117 942 • me-ve 12h-21h, sa 12h-23h, di 12h-22h (juil-août), sa-di et vac. scol. 12h-18h et 12-22h (sept-déc et mars-juin, consultez le site Web) ON Y VA ! ☐

Partez à l'aventure dans les environs de Barcelone pour profiter des plages de la jolie station balnéaire de Sitges, plonger dans l'univers surréaliste de Salvador Dalí à Figueres, vivre des sensations fortes au parc d'attractions de Port Aventura ou découvrir les somptueux paysages de la montagne de Montserrat. Ces escapades sont réalisables dans la journée, car elles sont toutes à 1h30 maximum de Barcelone.

Aller se baigner

à Sitges

Tous âges **Avec ses belles plages, sa promenade maritime et son charmant centre historique, Sitges est l'endroit parfait pour une super journée à la mer !**

Située à 40 km au sud de Barcelone, Sitges est une petite station balnéaire très prisée des familles aisées de Barcelone, qui ont ici leur résidence secondaire. Au XIXe siècle, un certain nombre des habitants de Sitges partirent à Cuba pour y faire fortune dans le commerce. À leur retour, ces "Americanos", comme ils étaient surnommés par les gens du village, firent construire de somptueuses demeures de style colonial, moderniste ou néoclassique, qui donnent aujourd'hui tout son charme à la ville.

Accrochée à un promontoire, l'**église de Sitges** est entourée d'un charmant dédale de petites ruelles aux balcons fleuris qui forment le **Casco Antiguo** (vieille ville). En vous promenant, vous verrez d'anciennes maisons de pêcheurs, blanchies à la chaux, parfaitement bien conservées. C'est dans ce quartier que se trouve le **musée Cau Ferrat**, ancienne demeure du peintre catalan Santiago Rusiñol, où sont exposées une partie des œuvres de l'artiste ainsi que sa collection privée.

Mais Sitges, c'est avant tout la plage ! De mai à fin octobre, la ville ne désemplit pas de vacanciers venus profiter de ses belles plages et de son microclimat. La grande plage du centre-ville, bordée d'une longue promenade, est le rendez-vous des familles. Entre vendeurs de glaces et restaurants de fruits de mer, on y respire une véritable ambiance de vacances !

Notre conseil Si vous rejoignez Sitges en voiture depuis Barcelone, évitez de prendre la route qui longe le littoral. Certes, le paysage est splendide, mais le trajet 2 fois plus long (comptez 1h de route contre 30 min par l'autoroute) et les virages à répétition risquent de donner mal au cœur à vos petits.

sitgestur.cat • Trains directs depuis Barcelona-Sants et Barcelona-Passeig de Gràcia toutes les 15 min, ligne R2 (40 min de trajet)

ON Y VA ! ☐

Entrer dans l'univers fou
du Teatre-museu Dalí

A partir de 5 ans **Un canapé en forme de bouche, un toit couvert d'œufs géants, une Cadillac envahie d'escargots… l'univers surréaliste de Dalí vous entraînera de surprise en surprise !**

Le **musée-théâtre Dalí** est à l'image de son créateur : délirant ! Rien d'étonnant, puisque Dalí supervisa lui-même sa construction. Conçu comme "**le plus grand objet surréaliste au monde**", ce musée-théâtre plonge le visiteur dans le monde excentrique, surprenant et génial de l'artiste catalan.

Aménagé dans l'ancien théâtre municipal de Figueres, ville natale de Salvador Dalí (1904-1989), le musée donne le ton dès l'entrée avec son toit orné d'œufs géants. Vient ensuite le patio avec sa ***Cadillac pluvieuse*** qui met en scène un mannequin de cire enfermé dans une véritable Cadillac envahie d'escargots !

La visite se poursuit à travers les petites salles du musée où vous découvrirez la ***Vénus de Milo aux tiroirs***, le ***Portrait de Gala avec deux côtelettes d'agneau sur l'épaule***, l'***Autoportrait mou avec lard grillé*** et autres excentricités daliniennes. Vos petits s'amuseront beaucoup en observant ***Visage de Mae West pouvant être utilisé comme appartement surréaliste***, une installation qui met en scène deux tableaux pour représenter les yeux, une cheminée pour le nez et un canapé en forme de bouche !

Notre conseil En été, nous vous conseillons d'acheter vos tickets à l'avance sur le site Internet du musée, qui permet également de réserver un créneau horaire.

Un artiste excentrique
Dans les années 1970, à l'occasion du lancement d'un parfum intitulé *Fracas*, un magasin new-yorkais commanda une œuvre à Dalí pour sa vitrine. Or, le jour du lancement, il n'avait rien créé. Il se contenta de lancer un pavé dans la vitrine du magasin. Fracassant !

Jeunes parents, sachez que les poussettes sont interdites dans le musée. Vous devrez les laisser à l'entrée.

Plaza Gala-Salvador Dalí, 5-Figueres • Trains directs depuis Barcelona-Sants (1h30 de trajet) • salvador-dali.org • 972 677 500 • tlj 9h-20h (juil-sept), ma-di 9h30-18h (mars-juin), ma-di 10h30-18h (nov-fév), ma-di 9h30-18h (oct) • adulte, enfant (+8) 12 €

ONYVA !

Faire des loopings

à Port Aventura

A partir de 3 ans **Avis aux amateurs de sensations fortes : Port Aventura abrite la plus haute montagne russe d'Europe ! Entre loopings, baignades et spectacles, vos petits s'amuseront comme des fous.**

Port Aventura est un immense parc d'attractions divisé en 6 espaces thématiques qui vous feront voyager du Far West à la Polynésie en passant par la Chine ! Si vos loulous aiment les sensations fortes, ils ne devraient pas être déçus, car Port Aventura abrite la plus haute montagne russe d'Europe, **Shambhala**, qui culmine à 76 m d'altitude. Formée par 1 650 m de rail, cette attraction pulvérise d'autres records en offrant la plus longue descente d'Europe (78 m) ainsi que la plus rapide (134 km/h) ! Si vos petits en redemandent, direction **Dragon Khan**, une attraction qui réserve son lot d'adrénaline avec ses huit loopings en boucle, réalisés à une vitesse de 110 km/h ! Il ne faut pas non plus manquer **Hurakan Condor**, une tour de chute libre de 100 m de hauteur qui offre de sacrés frissons !

Le parc abrite bien d'autres attractions qui vous plongeront dans l'univers des Mayas, des Aztèques ou des cowboys avec de **nombreux spectacles** tout au long de la journée. Il existe également des attractions pour les tout petits, la plupart étant réunies dans l'espace **Sésamo Aventura**. Et pour reprendre des forces, vous pourrez profiter d'une baignade dans l'**immense piscine** du Bahama Beach.

Av. Alcalde Pere Molas – Vila-seca • Trains directs depuis Barcelona-Estació De França (1h30 de trajet) • portaventura.es • 902 202 220 • tlj mars-oct (le reste de l'année, jours d'ouverture et horaires variables : consultez le calendrier sur le site Web) • adulte 45 €, enfant (4-10) 39 €

ONYVA !

Grimper sur la montagne en dents de scie

de Montserrat

Tous âges **Le curieux massif rocheux de Montserrat, qui culmine à 1 235 m d'altitude, réserve des paysages extraordinaires aux petits explorateurs.**

Venir jusqu'à Montserrat, c'est déjà toute une aventure ! Le train venant de Barcelone vous déposera au pied de la montagne. Pour rejoindre son sommet, vous pourrez opter pour le **petit train à crémaillère** ou le spectaculaire **téléphérique**, qui s'élève à 544 m.

Montserrat, dont le nom signifie "montagne en dents de scie", présente un aspect pour le moins insolite. Avec ses parois littéralement plissées par l'érosion, cette montagne ressemble à une succession de menhirs collés les uns contre les autres. Tout autour, **plusieurs sentiers** permettent d'explorer sa riche végétation et de contempler la beauté des paysages.

Si vos bambins ne sont pas de grands marcheurs, vous pourrez vous déplacer à bord des **funiculaires** de Sant Joan et de Santa Cova. Outre le très beau monastère, le cœur de Montserrat abrite des restaurants et des boutiques de produits locaux. Montserrat possède également un **musée** où sont exposées des œuvres de **Picasso**, **Dalí**, **Monet**, **Degas**, **El Greco** et même une impressionnante **momie** datant de plus de 4 000 ans. **Notre conseil** Ne repartez pas sans aller écouter l'**Escolania de Montserrat**, une chorale d'enfants dont l'origine date du XIIe siècle (lu-ve 13h, di 12h, 18h45).

montserratvisita.com • Ligne R5 depuis Barcelona-Plaça Espanya avec 2 options : Monistrol de Montserrat (1h05) + train à crémaillère (15 min) ou Montserrat-Aeri (1h) + téléphérique (5 min) • Pack TransMontserrat (train avec crémaillère ou téléphérique et funiculaires illimités sur place) à 26,60 € sur bcnshop.barcelonaturisme.com ON Y VA ! ☐

Pèlerinage de la Moreneta

Les seuls habitants de Monserrat sont les moines du monastère bénédictin, fondé il y a plus de 1 000 ans. Ils reçoivent, chaque jour, des centaines de pèlerins qui viennent se recueillir devant la *Moreneta,* une Vierge noire exposée tout en haut de l'abside, n'hésitant pas à attendre des heures rien que pour la toucher.

Voir les lumières
de la Font Màgica

Tous âges **Tous les week-ends, la "fontaine magique" illumine le ciel de Barcelone avec son merveilleux spectacle d'eau et de lumière. Un moment magique pour toute la famille !**

Construite à l'occasion de l'Exposition universelle de 1929, cette fontaine monumentale se dresse au pied du Palais national offrant un cadre splendide pour profiter du spectacle. Le mouvement de l'eau, les jeux de lumière et le rythme de la musique sont les principaux ingrédients de ce merveilleux spectacle qui dure environ 15 min. Vous serez littéralement hypnotisé par le va-et-vient des jets d'eau parfaitement synchronisés sur le rythme de la musique et teintés de plus de 50 variations de couleurs. Pour chaque spectacle, environ 2 600 litres d'eau sont projetés à la seconde, pouvant atteindre jusqu'à 54 m de hauteur.

Plaça Carles Buïgas, 1 · M Espanya · ve-sa 19h-21h (oct-avr), je-di 21h-23h30 (mai-sept) · sessions toutes les 30 min · gratuit

ON Y VA !

Encourager le Barça
au Camp Nou

A partir de 5 ans **Pour les fans du ballon rond, assister à un match au Camp Nou est une expérience incontournable. Voici quelques astuces pour vous procurer des entrées.**

Avec une capacité de près de 100 000 personnes, le Camp Nou est le plus grand stade d'Europe. Malgré cela, il est difficile d'obtenir des entrées aux matchs car le club compte un grand nombre d'abonnés. Lorsqu'il n'y a plus de billets en vente, consultez environ 48 h avant le début du match le site Web du Barça car des abonnés "libèrent" le siège qu'ils n'utiliseront pas. Autre astuce, viagogo.fr, où des abonnés mettent aussi en vente leurs places. Les prix peuvent être plus ou moins avantageux, mais vous y trouverez des places à coup sûr, même pour le *Clásico*.

Av. Arístides Maillol · M Palau Reial, Collblanc · fcbarcelona.es

ON Y VA

Voir un spectacle de flamenco

ON Y VA ! ☐

dans un tablao

A partir de 5 ans Si Barcelone n'est pas le berceau du flamenco, l'offre n'en est pas moins très variée et de qualité. De nombreux *tablaos* – salles typiques de flamenco au décor andalou – proposent de découvrir cet art 100 % espagnol.

Originaire d'Andalousie, le flamenco mêle avec ferveur danse, guitare et chant. Les petites filles seront fascinées par les jolies tenues des danseuses avec leur robe à volants, leur châle et leur éventail. Il existe plusieurs salles (*tablaos*) à Barcelone qui proposent des spectacles de qualité d'une durée de 30 min à 1h30, certains lieux offrant la possibilité de dîner sur place.

Tarantos

Installé sur la Plaça Reial depuis un demi-siècle, ce *tablao* programme chaque jour plusieurs spectacles de 30 min environ, une durée parfaite pour de jeunes enfants.

Plaça Reial, 17 · M Liceu · masimas.com · 933 041 210 · spectacles tlj 20h30, 21h30, 22h30 (juil-août spectacles supplémentaires à 18h30, 19h30, 23h30) · 8 €

Tablao de Carmen

Un bon choix pour les familles car il permet de visiter gratuitement le Poble Espanyol (p. 54) juste avant le début du spectacle.

Av. de Francesc Ferrer i Guàrdia, 13 · M Espanya · tablaodecarmen.com · 933 256 895 · spectacles ma-di 19h30, 22h · formule spectacle + repas : adulte 49 €, enfant (3-12) 39 €, enfant (-3) gratuit

Tablao Cordobés

Ici, nous vous conseillons d'opter pour la formule spectacle et boisson, car 35 € de plus pour un buffet en libre-service, c'est franchement excessif.

La Rambla, 35 · M Liceu, Drassanes · tablaocordobes.com · 933 175 711 · spectacles tlj 20h30, 22h, 23h30 · spectacle + repas : adulte 77 €, enfant (3-8) 38,50 €, spectacle + boisson : 42 €, enfant (3-8) 21 €

Départ

Du Barri Gòtic à la Plaça de Catalunya

Nous vous entraînons dans un itinéraire historique pour admirer les trésors de la Barcelone romaine et médiévale. En chemin, vous découvrirez les anciennes murailles de Barcino, l'ensemble monumental de la Plaça del Rei, la somptueuse cathédrale gothique et les ruelles étriquées de l'ancien quartier juif. C'est parti !

durée : environ 1h3
(hors pauses shopping ou repas

réponses p. 13

Le jeu débute sur la **Plaça Ramón Berenguer III**, à la sortie de la station de métro Jaume I, sur la droite. Au milieu de la place trône une statue de **Ramón Berenguer III,** comte de Barcelone, dont les dates de naissance et de mort sont inscrites en chiffres romains.

Question 1

Reportez les lettres : M _____ - M _____
et traduisez-les en chiffres arabes _____ _____

Derrière la statue se dresse la seconde muraille romaine de Barcelone, édifiée au IVe siècle. Au moment de sa construction, elle disposait de 74 tours. Les murailles de la ville ont été agrandies à l'époque médiévale puis entièrement détruites au XIXe siècle, pour permettre à la ville de s'étendre. Ces vestiges ont pourtant été conservés.

Longez la muraille vers la gauche puis remontez la rue **Baixada de la Llibreria**. Un panneau sur la droite vous indique la direction de la **Plaça del Rei**. Un escalier conduit au **Palau Reial Major**, ancienne résidence des comtes de Barcelone.

Question 2

Combien de marches possède l'escalier ? ___

Cette belle place médiévale conserve dans son sous-sol un véritable trésor : les vestiges de la ville romaine. Ils n'ont été découverts qu'au XXe siècle, lors de travaux. Vous pourrez les voir en visitant le Museu d'Història de la Ciutat (MUHBA), situé sur cette même place (p. 30).

En sortant de la place, prenez sur la droite la rue **Baixada de Santa Clara.** À l'entrée de cette rue, vous observerez un panneau représentant un cheval.

Question 3

Quel est le mot espagnol inscrit sur ce panneau ?
S ________ A

À l'époque médiévale, il y avait déjà des panneaux de circulation. Dans tout le Barri Gòtic, vous pourrez voir ces panneaux d'entrée et de sortie, qui indiquaient aux personnes à cheval la direction à suivre.

En continuant tout droit dans cette même rue, vous arriverez dans la **Carrer de la Pietat**, où l'on peut voir l'une des façades de la cathédrale (p. 27). Levez les yeux et observez les gargouilles : l'une d'entre elles représente un célèbre animal mythologique.

Question 4

Comment s'appelle cet animal ? Une l_________

Avancez tout droit sur la **Carrer de la Pietat** puis tournez à gauche dans l'étroite **Carrer Paradís**. Au n° 10, à l'intérieur du Centre d'Excursionnistes de Catalogne, vous pourrez voir les vestiges des colonnes du **temple d'Auguste**.

Question 5

Combien y a-t-il de colonnes ? ___

Ces colonnes témoignent de plus de 2 000 ans d'histoire. Ce sont les vestiges d'un temple dédié au culte de l'empereur Auguste, construit au Ier siècle av JC par les Romains.

Revenez sur vos pas dans la **Carrer de la Pietat** et prenez sur votre gauche la **Carrer dels Comtes**. Ici se dresse un beau bâtiment médiéval, le **Palau de Lloctinent.** Juste au-dessus du portail, observez l'inscription en rouge.

Question 6

Recopiez cette inscription : V ________

Voici l'ancêtre du graffiti à Barcelone ! À l'époque médiévale, les étudiants qui réussissaient leurs examens avaient pour coutume de graver leur nom sur les murs du Barri Gòtic. Soyez attentifs, il en existe plusieurs dans tout le quartier !

Descendez la rue, puis tournez sur votre gauche dans la **Carrer de Santa Llúcia.** Au n° 1 se dresse la **Casa de l'Arcadia**. Observez la boîte aux lettres de style moderniste. On peut y voir 2 animaux, l'un très rapide, l'autre très lent.

Question 7

Quels sont ces animaux ?
L'h____________ et la t________

Pénétrez dans le joli patio intérieur avec sa fontaine centrale entourée d'arcades et ses murs couverts de mosaïques. Observez attentivement car vous pourrez y voir des vestiges de la muraille romaine de Barcelone.

Dans le patio de la Casa de l'Arcadia, on célèbre tous les ans une curieuse tradition catalane qui remonte au XVe siècle : *l'ou com balla* ("l'œuf qui danse"). À l'occasion de la fête religieuse du Corpus Christi, un œuf est placé au centre de la fontaine, juste au-dessus du jet d'eau. Grâce à la pression du jet, l'œuf fait des tours sur lui-même sans jamais tomber par terre !

Continuez sur la **Carrer de Santa Llúcia** puis remontez la **Carrer del Bisbe**. Entrez dans le cloître de la **cathédrale**, où vous pourrez voir un étonnant petit groupe de 13 oiseaux.

Question 8

Quels sont ces oiseaux ? Des ________

La cathédrale est dédiée à sainte Eulalie. Longtemps, elle a été la Sainte patronne de Barcelone, avant d'être destituée par la Vierge de la Mercè. On raconte que sainte Eulalie fut si malheureuse de perdre son titre qu'elle pleura et jura de se venger. C'est pourquoi lorsqu'il pleut le jour des fêtes de la Mercè, le 24 septembre, on dit que ce sont les larmes de sainte Eulalie qui viennent gâcher la fête. Et il faut l'avouer, il pleut presque tous les ans !

En sortant du cloître, vous verrez juste en face la **Carrer Sant Sever**. Descendez cette rue puis tournez sur la droite au niveau de l'**hôtel Neri**. Vous voici sur la **Plaça Sant Felip Neri** qui abrite l'église du même nom et le musée de la Chaussure. Sur la façade de ce dernier, on peut voir un animal sculpté dans la pierre, symbole de la confrérie des chausseurs de Barcelone.

Quel est cet animal ? Un ____

Question 9

> Sur la façade de l'église de Sant Felip Neri, on peut encore voir les traces des explosions de bombes pendant la Guerre civile. Afin de conserver le souvenir de ce tragique épisode, il a été décidé de laisser les façades en l'état.

Sortez de la place par là où vous êtes entrés. Descendez la **Carrer Sant Sever** et prenez tout de suite, sur la gauche, la **Carrer Sant Domènec del Call**. Observez la maison au n° 6. C'est la maison la plus ancienne de la ville. Elle date du XIIe siècle. La façade, très austère, est simplement ornée d'une image en céramique.

Que représente-t-elle ? ______

Question 10

> Dans cette rue très étroite, les façades des maisons sont inclinées à cause du tremblement de terre qui a eu lieu en 1428, c'est dire si ces maisons sont anciennes !

Faites quelques pas en arrière pour prendre la **Carrer de Marlet**. Au n° 1, une plaque rend hommage à **Samuel Ha-Sardi**, un rabbin espagnol qui vécut au XIIIe siècle. Elle a été découverte au XIXe siècle lors de la construction de l'actuel bâtiment.

En quelle langue est-elle écrite ? ______

Question 11

> Cette zone du Barri Gòtic, appelée El Call, abritait au Moyen Âge le quartier juif qui connut son apogée entre les XIIe et XIVe siècles. Grâce à sa prospérité, la communauté juive a participé à l'expansion du commerce local. Cependant, au XIVe siècle, les relations entre chrétiens et juifs se détériorèrent, provoquant en 1391 une violente révolte contre les juifs et entraînant la disparition du quartier.

Suivez la prochaine rue sur la gauche puis remontez la **Carrer del Call**, qui vous conduit directement sur la **Plaça de Sant Jaume**. Sur la façade du **Palau de la Generalitat**, au-dessus de la porte principale, vous verrez une statue qui représente le patron de la Catalogne, célébré tous les ans le 23 avril.

Quel est son nom ? Sant J______

Question 12

Sur la place Sant Jaume se dressait autrefois le Forum, cœur de la ville romaine, où s'organisait la vie sociale et politique. Quelque 2 000 ans plus tard, cette place demeure le centre politique de la ville. En effet, elle abrite la Casa de la Ciutat (mairie de Barcelone) et le Palau de la Generalitat (siège du gouvernement catalan).

Prenez la **Carrer de la Cuitat** pour observer la façade latérale de la mairie. Un texte est sculpté dans la pierre.

Question 13

Dans quelle langue est-il écrit ? ________

Observez l'arc qui encadre la porte de cette façade latérale. Vous n'y voyez pas quelque chose de bizarre ? La façade du XIVe siècle fut déplacée au XIXe siècle lors de la construction de la façade principale. Les architectes de l'époque eurent donc la drôle d'idée de déplacer l'arc sur les deux angles. Le résultat laisse perplexe.

Revenez sur la place et traversez à nouveau la **Carrer del Call**. Au bout de la rue, prenez sur la droite la **Carrer Banys Nous**. Un petit passage sur la gauche vous mènera à la **Plaça de Sant Josep Oriol**, repaire des peintres de rue, puis à la **Plaça del Pi**. Un grand arbre trône au milieu de la place.

Question 14

Quel est cet arbre ? (entourez la bonne réponse)
un pin　　un sapin　　un olivier

Depuis la place, empruntez la **Carrer Petritxol**. Vous verrez une plaque en céramique représentant la **Sala Parés**, la plus ancienne galerie d'art de Barcelone, qui se trouve au **nº 5**. Observez la façade de la galerie.

Question 15

En quelle année cette galerie a-t-elle été inaugurée ? ______

Tout le long de la Carrer Petritxol, vous pourrez observer des plaques en céramique où sont immortalisées des scènes de la vie quotidienne, des personnages importants qui vécurent dans cette rue et des épisodes du roman *L'Auca del senyor Esteve* de Santiago Rusiñol.

Un peu plus loin, au **n° 11**, on sert une spécialité espagnole que l'on déguste à l'heure du goûter accompagnée de chocolat épais et chaud.

Question 16

De quelle spécialité s'agit-il ? Des ___________

Au bout de la rue, prenez la **Carrer Portaferrissa** sur la droite. Allez jusqu'au croisement avec la **Carrer Cucurulla**. Ici se trouvent les plus anciens abreuvoirs de la ville. Ils permettaient de donner à boire à un animal.

Question 17

De quel animal s'agit-il ? _______

Les premières voitures sont apparues à Barcelone à la fin du XIXe siècle, rendant la traction animale obsolète et entraînant la disparition des abreuvoirs. Aujourd'hui, il ne reste plus que quelques rares exemples d'abreuvoirs, dont celui-ci.

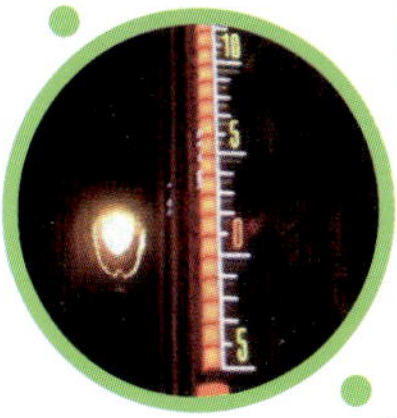

Remontez le **Portal de l'Àngel**, cette grande artère commerçante qui servait autrefois de porte d'entrée et de sortie à la ville fortifiée.

Au n° 40 du Portal de l'Àngel, vous pourrez voir un gigantesque thermomètre de 22 m de hauteur, soit l'équivalent d'un immeuble de 5 étages ! Installé à cet endroit depuis 1956, il était à l'époque le plus grand thermomètre au monde. Aujourd'hui, c'est un élément emblématique de Barcelone.

Notre jeu se termine sur la **Plaça de Catalunya**, l'un des rendez-vous favoris des Barcelonais et des… pigeons !

De la Rambla au Passeig de Gràcia

Ce parcours va vous permettre d'explorer deux avenues emblématiques de Barcelone : la Rambla et le Passeig de Gràcia. Vous allez avoir aussi l'occasion de flâner dans le Mercat de la Boquería et de découvrir, au fil du jeu, les chefs-d'œuvre du modernisme qui font la réputation de Barcelone. Allez, *vàmonos*!

durée : environ 2h
(hors pauses shopping ou repas)
réponses p. 139

Notre parcours débute sur la Rambla, devant la station de métro **Liceu** (si vous arrivez en métro, prenez la sortie côté Théâtre du Liceu). Observez la façade du **théâtre du Liceu**. On peut y lire les noms de quatre grands compositeurs et dramaturges.

Citez-en un : ______________________

Jusqu'au début du XIXe siècle, la Rambla était surtout occupée par des églises et des couvents. Mais en 1835, la plupart de ces bâtiments furent brûlés lors de grandes révoltes contre l'ordre religieux. À leur place, on construisit de nouveaux bâtiments, comme le théâtre du Liceu, le Mercat de la Boquería et la Plaça Reial.

Quelques pas plus loin, en remontant la Rambla, vous verrez sur le sol une grande mosaïque réalisée par **Joan Miró**.

Quelles couleurs Miró a-t-il utilisées ?

____________ ____________ ____________

Chaque jour, des milliers de visiteurs marchent sur cette mosaïque, souvent sans même y faire attention. L'artiste catalan avait bien conscience de ce risque au moment de sa création et se moquait bien que son œuvre se dégrade au fil du temps. Vous pourrez donc la piétiner allègrement, vous n'avez qu'une seule obligation : observez-la !

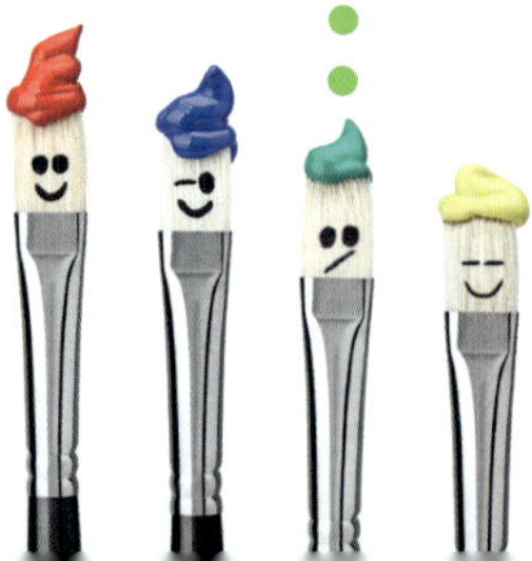

Toujours sur la Rambla, côté droit, vous verrez une belle maison moderniste aux influences orientales : **la Casa Bruno Cuadros**. Il s'agissait autrefois d'une boutique. Pour savoir ce que l'on y vendait, observez l'objet suspendu sous le dragon chinois.

Question 3

Quel est cet objet ? ____________

Quand on parle de la Rambla, on pense immédiatement à Barcelone. Pourtant, la *rambla* n'est pas un nom mais un type d'avenue qui se caractérise par une promenade centrale, souvent bordée d'arbres, où les voitures circulent sur des voies latérales. Il existe plusieurs "ramblas" comme la Rambla del Poblenou (près du littoral) ou la Rambla de Catalunya (dans l'Eixample).

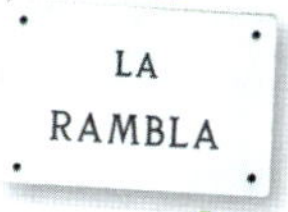

Remontez encore un peu la **Rambla** jusqu'au **n° 83** (sur le côté gauche) pour arriver devant une splendide pâtisserie dotée d'une très belle façade moderniste : **la Pastelería Escribá.**

Question 4

En quelle année a-t-elle été fondée ? ______

À l'entrée de la pâtisserie, vous verrez une plaque de fonte incrustée dans le sol portant la mention *Guapos per sempre*, ce qui veut dire "Beaux pour toujours". Il s'agit d'une récompense attribuée aux commerces de Barcelone qui ont su développer leur activité tout en conservant leur décoration d'origine.

Un peu plus haut, toujours sur le côté gauche de la Rambla, se trouve l'accès au **Mercat de la Boquería**. Observez la belle verrière en fer forgé à l'entrée. Le marché est dédié à un saint (*sant* en catalan).

Question 5

Quel est ce saint ? ________

L'origine du marché remonte au moins au XIIIe siècle. À cette époque, vendeurs ambulants et paysans proposaient leurs produits en plein air sur la Rambla, au niveau de l'ancienne porte de la ville fortifiée, un endroit stratégique qui leur évitait de payer l'impôt sur l'entrée de marchandises ! Le marché couvert, tel qu'on peut le voir aujourd'hui, date de 1914.

Remontez maintenant la Rambla. La partie comprise entre le marché de la Boquería et la rue Portaferrissa est appelée **"Rambla de les Flors"**.

Question 6

Que vendent les commerçants dans cette partie de la Rambla ? _______________

Au XVIIIe siècle, alors que la Rambla devient une promenade prisée des habitants de la ville, il était possible de louer des chaises pour profiter du spectacle de la rue. Des platanes furent également plantés tout au long de la promenade pour offrir de l'ombre aux badauds. Ce n'est qu'au XXe siècle que les chaises sont retirées et remplacées par des bancs publics.

Prenez sur votre droite la **Carrer Portaferrissa** et remontez sur quelques mètres l'avenue **Portal del Ángel** avant de tourner sur la droite dans la **Carrer Montsió**. Au n° 3, observez la façade moderniste de la **Casa Martí**, qui abrite le restaurant *Quatre Gats* (qui signifie "Quatre Chats"). Au-dessus des lampadaires qui illuminent l'entrée du bâtiment, vous verrez une créature légendaire omniprésente dans l'univers moderniste.

Question 7

De quel animal s'agit-il ? ________

Cet animal est un motif récurrent de l'imaginaire moderniste. Soyez attentif, vous le verrez partout : sur les lampadaires de la Plaça Reial (signés Gaudí), à l'entrée du Park Güell et sur plusieurs façades du Passeig de Gràcia.

En continuant tout droit le long de la **Carrer Montsió** puis **Carrer Julià Portet**, vous arriverez directement sur l'avenue **Via Laietana**. Sur le trottoir d'en face, prenez la première rue à droite (**Carrer de Sant Pere Més Alt**) qui vous conduit au **Palau de la Música Catalana**. Sa somptueuse façade est couverte de petits éclats de céramique, une technique emblématique du modernisme catalan.

Question 8

Quel est le nom de cette technique ?
Le t______________

Un indice : la réponse se trouve dans le texte sur le Palau de la Música Catalana (p. 41).

Imaginé par l'architecte Lluís Domènech i Montaner, ce palais de la Musique est l'un des chefs-d'œuvre du modernisme catalan. Pourtant, son créateur ne put se présenter le soir de l'inauguration : tout le monde était furieux contre lui car il avait dépassé de quatre fois le budget prévu pour la construction du bâtiment !

Remontez la **Via Laietana**. Après avoir dépassé la station de métro **Urquinaona**, prenez sur votre gauche la **Carrer de Fontanella** pour accéder directement à la **Plaça de Catalunya**.

Question 9

Que signifie en français *Catalunya* ?

____

Avant la destruction des murailles de Barcelone, cette place était une grande esplanade d'où partaient les chemins qui conduisaient aux villages voisins. Elle fut urbanisée à la fin du XIXe siècle à l'occasion de l'Exposition universelle, devenant le point d'union entre la vieille ville et l'Eixample.
En hiver, elle accueille une grande patinoire en plein air. Le reste de l'année, des concerts y sont organisés pour célébrer de grands événements.

Empruntez le **Passeig de Gràcia**, qui part depuis la **Plaça de Catalunya**. Au niveau du n° 6, sur le trottoir de droite, observez le toit en céramique du bâtiment.

Question 10

De quelle couleur est-il ? _________

Né de la nécessité d'agrandir Barcelone, le quartier de l'Eixample a été construit au cours de la deuxième moitié du XIXe siècle. Son nom signifie d'ailleurs "extension". L'objectif était de relier Barcelone aux villages voisins (qui sont aujourd'hui les quartiers de Gràcia, Sants, Sarrià...). Ce quartier a été imaginé tel un quadrillage, avec de longues avenues perpendiculaires. Financés par la bourgeoisie de l'époque, la plupart des bâtiments modernistes de la ville furent édifiés dans ce quartier.

Au pied de l'immeuble, à côté de l'arrêt de bus, observez le lampadaire. Son style architectural est typique de l'Eixample.

Question 11

Quel est le nom de ce style ? M_____________

On trouve plusieurs exemples de ces curieux lampadaires sur le Passeig de Gràcia qui font office à la fois de banc et de… lampadaire. Constitués d'une structure en fer forgé (pour le lampadaire) et d'un socle couvert de *trencadís* (pour le banc), ils sont un élément emblématique du Passeig de Gràcia.

Remontez le **Passeig de Gràcia** jusqu'au n° 35 (sur le trottoir de gauche) où se dresse la **Casa Lleó i Morera**. La façade est ornée de deux motifs récurrents du modernisme.

Question 12

Quels sont ces motifs ?
Des fleurs et des _____________

Imaginée par Lluís Domènech i Montaner (auquel on doit aussi le palais de la Musique catalane), cette splendide demeure était autrefois ornée de sculptures d'Eusebi Arnau. Lors des travaux de construction de la boutique du rez-de-chaussée, la plupart des sculptures furent détruites, sauf quelques-unes que le concierge récupéra, bien qu'il en ignorât la valeur. Salvador Dalí, mis au courant de l'affaire, les racheta concierge pour quelques pesetas. On peut dire qu'il fit une sacrée bonne affaire !

Juste à côté, au n° 41, vous découvrirez la **Casa Amatller**. Sur la façade, on peut voir une petite sculpture de Sant Jordi tuant le dragon.

Question 13

À quel endroit exact se trouve-t-elle ?

____

Ce bâtiment moderniste a été imaginé par l'architecte **Josep Puig i Cadafalch** (1867-1956) pour le compte du maître chocolatier Antoni Amatller. Certains voient dans la curieuse forme du toit une allusion aux tablettes de chocolat… mais toutes les interprétations sont possibles !

Avancez jusqu'au n° 43 et vous voici devant la célèbre **Casa Batlló**, construite par Gaudí entre 1904 et 1906.

À quoi ressemblent les balcons de la façade ? Entourez la bonne réponse
des fleurs   des squelettes   des cœurs

Dans les années 1900, l'industriel catalan Josep Batlló commanda un bâtiment tout neuf à l'architecte Antoni Gaudí en remplacement d'un immeuble existant. Cependant, la mairie s'opposa à la destruction du bâtiment. Gaudí fut donc obligé de transformer l'immeuble en utilisant une profusion de céramique pour imprimer son style incomparable.

Rejoignez le trottoir de droite et remontez le **Passeig de Gràcia** jusqu'à la **Pedrera**, un autre emblème moderniste conçu par l'architecte le plus célèbre de Barcelone.

Quel est le nom de cet architecte ? ________

La Pedrera ("la carrière de pierre") est le surnom donné par les mauvaises langues à la Casa Milà. En effet, la bourgeoisie locale fut horrifiée par cette construction, y voyant simplement un gros bloc de pierres. Les voisins pensaient même qu'un tel édifice ferait chuter les prix du quartier. Aujourd'hui, ce "bloc de pierres" est classé au patrimoine mondial de l'Unesco et le Passeig de Gràcia est l'avenue la plus chère de Barcelone !

Notre jeu se termine ici. Profitez-en pour visiter la Pedrera et admirer ses étonnantes cheminées (p. 43).

RACIONES
chorizo curado 6.50
calamares romana 7.50
Champignon 5.50
Jamon y queso 9.50
queso manchego 9.00
Jamon Serrano 9.50
Pulpo gallega 14.00
sepia plancha 7.50
Chopitos fritos 7.50
gambas plancha ó ajillo 9.50
tigres rebozados 6.50
Croquetas mixtas 6.50
tortilla española 7.00
patatas bravas 4.60
callos a la madrileña 7.50
morcilla de burgos 6.50
Pimientos de padrón 5.50
Lacón a la gallega 6.00
tabla de embutidos 12.00
chorizo frito 5.50
empanada de bonito 3.30
Salchichon 6.50
PAELLA MIXTA CON MARISCOS 6.00
ENSALADA ILUSTRADA 5.00
PARRILLADA DE CARNE
(minimo 2 personas)
12.00 por persona

Quand est-ce qu'on mange

À Barcelone, les bons produits de la mer et du terroir abondent dans les assiettes, sous forme de plats, de portions et de tapas. Avant toute chose, il convient de vous mettre à l'heure espagnole : déjeuner à partir de 13h30 et dîner à partir de 21h. Ensuite, il vous faudra adopter cette philosophie de l'art de la table à l'espagnole : le partage ! Dans la plupart des restaurants, les plats sont servis sous forme de portions et placés au centre de la table, pour que chacun puisse goûter à tout.

Les restaurants sont plutôt bon marché et vos bambins devraient apprécier le principe des tapas à manger avec les doigts. Eh oui, ici c'est permis. Alors, profitez-en ! Même dans les établissements les plus chics, vous trouverez toujours à la carte les incontournables *patatas bravas*, les *croquetas* et les calamars frits qui devraient réjouir vos *niños.*

Le midi, la plupart des restaurants proposent un menu avec entrée, plat et dessert aux alentours de 10 €. Profitez-en pour savourer un repas équilibré et garder l'option des tapas pour le soir. Pour accueillir votre tribu, nous avons sélectionné avec soin des adresses dont le cadre et la cuisine s'adaptent aux besoins des familles. Alors, *bon profit*, comme on dit ici (c'est à dire "bon appétit").

LES PLATS TRADITIONNELS

Voyager dans un pays étranger, c'est l'occasion de découvrir de nouvelles saveurs. Pour vous aider à vous y retrouver, voici une sélection de tapas et de plats typiquement catalans et espagnols que vous trouverez dans la plupart des restaurants de la ville.

TAPAS

Boquerones : anchois marinés dans une préparation à base de vinaigre, d'huile d'olive et d'ail. On les accompagne généralement d'une portion de pain à la tomate.

Patatas bravas : pommes de terre coupées en dés et frites dans de l'huile d'olive. Elles sont accompagnées d'une sauce blanche à l'aïoli et d'une sauce rouge piquante.

Pimientos de Padrón : petits piments verts originaires de Galice, cuits à la plancha et servis avec du gros sel. En principe, ils ne piquent pas, mais on a parfois des surprises...

Pa amb tomàquet : pain grillé et frotté à la tomate, un grand classique. Il sert de base aussi à de savoureux sandwich avec du *jamón* ("jambon" espagnol).

Tortilla : c'est l'omelette à l'espagnole ! Préparée avec des oignons et des pommes de terre, elle est très épaisse et compacte.

TYPIQUEMENT CATALAN

Calçots : oignons tendres cuits à la braise que l'on déguste généralement entre janvier et mars. Après avoir enlevé la première couche carbonisée, on trempe le *calçot* dans une sauce à base de tomates et d'amandes pilées, avant de l'enfourner dans sa bouche, a tête en arrière. Vu la difficulté de l'opération, des bavoirs sont systématiquement mis à disposition pour éviter les tâches ! Un exercice qui va sans doute bien amuser les enfants.

Coca : version catalane de la pizza, qui peut être sucrée ou salée et servie chaude ou froide. La *coca de recapte*, à base de légumes grillés, est la plus typique. Elle est généralement garnie d'anchois ou de thon. À l'occasion des fêtes de Sant Joan, la coca se déguste sucrée, avec des fruits confits.

scudella : pot-au-feu traditionnel, très onsistant, que l'on déguste en hiver. est élaboré avec de la viande de œuf, de la saucisse noire catalane *botifarra*) et des pâtes en forme 'escargot (*galets*).

uquet de peix : ragoût de poisson aux ommes de terre, généralement servi ans une cassolette en terre cuite. Ce at simple et nutritif était à l'origine éparé par les pêcheurs avec les restes e poissons invendus. C'est aujourd'hui n plat typique dans les restaurants de oissons et fruits de mer du littoral.

rema Catalana : dessert typiquement talan assez semblable à une crème ûlée. Elle est préparée avec de la nnelle (contrairement à la recette ançaise qui utilise de la vanille) et rvie dans un ramequin en terre cuite.

Panellets : petites boules de massepain aux amandes recouvertes de pignons, vendues dans les boulangeries et les pâtisseries. Traditionnellement, on les mange à la Toussaint.

TYPIQUEMENT ESPAGNOL

Paella : originaire de la région de Valence, c'est devenu un classique de la cuisine espagnole. À Barcelone, on la prépare principalement avec des fruits de mer. Il existe également une variante dans laquelle le riz est remplacé par de petites nouilles (*fideuà*), très populaire en Catalogne. Pour manger une bonne paella, sachez que les meilleurs restaurants se trouvent autour du port et dans l'ancien quartier de pêcheurs de la Barceloneta.

Turrón : confiserie espagnole par excellence vendue sous forme de tablettes, que l'on déguste principalement pendant les fêtes de Noël. Les deux principales variétés sont le *turrón* mou de Jijona et le dur aux amandes d'Alicante. Un délice, mais attention aux caries !

Churros : sorte de beignets en forme de gros spaghettis que l'on trempe dans du chocolat chaud épais ou dans de la crème. À Barcelone, on les déguste dans des *granjas* (salons de thé spécialisés dans la vente de *churros*). Les plus emblématiques sont installés dans la Carrer Petritxol, une petite rue du Barri Gòtic.

LES RESTAURANTS

Voici nos adresses préférées pour petits et grands gastronomes. Sauf indication contraire, le menu de midi proposé dans les restaurants est servi uniquement du lundi au vendredi. Nos coups de cœur sont signalés par l'expression espagnole QUE RICO qui veut dire : "c'est bon !"

BARRI GÒTIC ET RAVAL

CARTE P. 28 ▪ 29

RESTAURANTS

Quatre Gats (catalan) QUE RICO
Carrer Montsió, 3
M Catalunya
933 024 140 • 4gats.com
tlj 10h-1h
Arrêt incontournable sur la route du modernisme, le restaurant 4 Gats ("les 4 chats") est logé dans un splendide bâtiment conçu par l'architecte moderniste Puig i Cadafalch. Dès son ouverture, en 1897, il est fréquenté par la crème des artistes catalans. Le jeune Picasso, assidu du lieu, exposa ses œuvres dans la grande salle du restaurant. C'est à lui également que l'on doit les illustrations de la carte de l'établissement. Depuis cette époque, le 4 Gats n'a pas pris une ride. Vous pourrez donc déjeuner ou dîner dans un admirable cadre moderniste, à des prix très corrects si vous optez pour le menu du midi.
Menu midi 17,50 € (samedi 26 €)

Teresa Carles (végétarien) QUE RICO
Carrer Jovellanos, 2
M Catalunya
933 171 829 • teresacarles.com
tlj 9h-0h
C'est LE végétarien branché du centre-ville. Décoration chaleureuse et moderne, grandes tables en bois pratiques pour les familles, et surtout de bons produits sains, bio et issus de l'agriculture locale. L'endroit est également prisé à l'heure du petit déjeuner ou du brunch dominical.
Menu midi (entrée + plat) 9,50 €, dessert 3,50 €

Buenas Migas (sur le pouce)
Plaça del Bonsuccés, 6
M Catalunya
933 183 708 • buenasmigas.com
tlj 8h30-0h (ve-sa 1h)
Chaîne de restaurants (11 adresses à Barcelone) appréciée des familles pour sa déco chaleureuse et ses spécialités italiennes à petits prix. Le menu enfant est constitué d'un plat (pizza, pâtes ou panini), d'une boisson (jus d'orange pressée ou verre de lait) et d'un dessert (fruit, yaourt ou gâteau au chocolat).
Salade 3 €, pâtes 3,90 €, gâteau 3 €, menu enfant 3,95 €

Luzia (world) QUE RICO
Carrer Pintor Fortuny, 1
M Catalunya, Liceu
933 429 628
tlj 8h30-0h
Un espace cosy et contemporain pour manger des tapas, sandwichs, pizzas cuites au feu de bois et hamburgers de qualité. Temple de la branchitude et néanmoins une très bonne adresse pou manger dans le coin des Ramblas.
Plat 10 €, menu du jour 14 €

El Jardi (cuisine du marché)
Carrer Hospital, 56
M Liceu
933 291 550 • eljardibarcelona.es
lu-sa 9h-22h
Petit restaurant en plein air caché dans le patio de l'ancien hôpital de la Santa Creu, bel ensemble architectural de style gothique qui abrite aujourd'hui plusieurs institutions culturelles. On y

déguste des tapas et une bonne cuisine élaborée avec les produits du marché de la Boquería.
Plat du jour 8,20 €, menu 20 €

Sinatra (world)
Carrer Heures, 10
M Liceu
934 125 279 • restaurantesinatra.com
tlj 18h30-0h
À deux pas de la Plaça Reial, un restaurant décoré dans un esprit contemporain qui propose une cuisine méditerranéenne aux influences orientales. Vaste sélection de tapas, pâtes, risottos et poissons grillés, à la présentation soignée. Pour les enfants, le menu est constitué d'un filet de poulet ou de bœuf avec des frites, d'une glace au chocolat et d'une boisson.
Entrée 8,50 €, plat 9,50 €, menu enfant 9,60 €

La Cerería (sur le pouce)
Baixada de Sant Miquel, 3
M Liceu
933 018 510
me-di 19h-0h, sa 13h-0h
Petit restaurant qui propose des pizzas artisanales élaborées avec de la farine bio, mais aussi de copieuses salades, des galettes et des sandwichs. L'endroit est également prisé le samedi après-midi pour ses gâteaux, à l'heure du goûter. En terrasse, quelques tables qui donnent sur un charmant passage.
Salade 10 €, galette 11 €, pizza 16 €, dessert 5 €

Cafè de l'Acadèmia (catalan)
Carrer Lledó, 1
M Jaume I
933 198 253
lu-ve 13h30-16h, 20h30-23h30
Restaurant au cadre rustique, en plein cœur du quartier gothique, qui sert un bon menu du jour en salle ou sur son agréable terrasse. Les enfants pourront jouer sur la place qui est en face.
Menu du jour 15,50 €

TAPAS

Bar Lobo
Carrer Pintor Fortuny, 3
M Catalunya, Liceu
934 815 346
tlj 9h-0h (je-sa 2h30)
Spot branché du Raval qui étale son agréable terrasse sur une petite place (généralement) ensoleillée. À l'intérieur, les grandes tables en bois sont parfaites pour les familles nombreuses. Grande variété de tapas, portions et assiettes de charcuterie.

Irati
Carrer Cardenal Casañas, 17
M Liceu
902 520 522 • iratitavernabasca.com
tlj 11h-0h30
Taverne au comptoir chargé de *pintxos*, ces tapas d'origine basque qui ont pour particularité d'être servies sur une tranche de pain et piquées d'un cure-dent. Plus de 80 variétés garnies de jambon, de tortilla, de poivrons, de thon... à manger avec les doigts !

Taller de tapas
Plaça Sant Josep Oriol, 9
M Liceu
933 018 020 • tallerdetapas.com
tlj 8h30-1h

Chaîne locale de restaurants qui dispose de 5 établissements à Barcelone. Le principe ? Des portions et tapas, mais avec tout le confort d'un restaurant (une carte, des tables et des serveurs pour prendre la commande). Une bonne option pour s'initier aux tapas en douceur, sans avoir à jouer des coudes au comptoir, ni hurler sa commande.

Bar Celta Pulpería

Carrer Mercè, 16
M Liceu, Drassanes
933 150 006
ma-di 12h-0h

Une adresse conviviale, souvent bruyante, où les tapas sont exposées autour d'un large comptoir. Vous y trouverez des *patatas bravas* et un vaste choix de fritures (croquettes, beignets de crabe, calamars frits) à dévorer avec les doigts ! Plus light, les portions de poulpe, de couteaux ou les moules. La salle principale est uniquement pourvue de tabourets, mais vous trouverez de grandes tables dans la salle du fond pour vous installer confortablement avec toute votre tribu.

GOÛTERS

Granja M. Viader

(salon de thé)
Carrer Xuclà, 4-6
M Catalunya, Liceu
933 183 486 • granjaviader.cat
lu 17h-20h30, ma-sa 9h-13h30, 17h-20h30

Une institution du Raval qui a ouvert ses portes en 1870. Dans un décor traditionnel, avec ses sols en céramique et ses petites tables en marbre, on y déguste des spécialités espagnoles telles que le chocolat chaud et épais, la crème catalane et des gâteaux de fabrication artisanale.

Granja La Pallaresa

(salon de thé)
Carrer Petritxol, 11
M Liceu
933 022 036 • lapallaresa.com
lu-sa 9h-13h, 16h-21h (di 17h-21h)

Établissement emblématique de la rue Petritxol, où se concentrent les meilleures *granjas* (vendeurs de *churros*) de la ville. On y déguste un délicieux chocolat chaud couvert de crème (le *Suizo*), accompagné de *churros* ou de boudoirs, et le typique Mató de Pedralbes, un dessert semblable à la crème catalane, mais servi avec de la chantilly.

Granja Dulcinea (salon de thé)

QUE RICO

Carrer Petritxol, 2
M Liceu
933 026 824 • granjadulcinea.com
tlj 9h-13h, 17h-21h

Salon de thé traditionnel où petits et grands se régalent de *churros* depuis 1941. On les accompagne d'un chocolat chaud épais ou de crème fouettée (et pourquoi pas les deux, si vous partagez !). La maison sert bien d'autres douceurs, notamment des *ensaïmadas* (viennoiseries en forme d'escargot, originaires des îles Baléares), des gaufres et la typique crème catalane.

Pasteleria Escribà

(salon de thé)
La Rambla, 83
M Liceu
933 016 027 • escriba.es
tlj 8h30-21h

Une adresse incontournable des Ramblas, célèbre pour sa somptueuse façade moderniste ornée de mosaïques. Quelques tables en salle ou en terrasse pour déguster de très bonnes pâtisseries à l'heure du goûter.

Caelum (salon de thé)

Carrer Palla, 8
M Liceu
933 026 993 • caelumbarcelona.com
lu-je 10h30-20h30 (ve 23h30), di 11h-21h (sa 23h30), service dans la crypte à partir de 15h30

Ce salon de thé est spécialisé dans la vente de douceurs artisanales élaborées par des religieuses et provenant des principaux monastères et couvents d'Espagne. Au rez-de-chaussée, l'espace est divisé entre la boutique et le salon de thé. Nous vous conseillons de vous installer dans la "crypte", au sous-sol de l'établissement, où se trouvaient, au Moyen Âge, les thermes réservés à la communauté juive.

BORN ET RIBERA

CARTE P. 36 ■ 37

RESTAURANTS

Doble Zeroo (japonais, fusion)

Carrer Jaume Giralt, 53
M Jaume I, Urquinaona
933 151 744 • doblezeroo.com
lu 20h-23h30, ma-di 13h-16h, 20h-23h30

Probablement le meilleur japonais du quartier, offrant un mariage réussi entre cuisines méditerranéenne et orientale. Tous les samedis midi, le restaurant prend en charge les enfants, permettant ainsi aux parents de déjeuner tranquillement. Programme des bambins : menu spécial et activités.

Makis 9 €, sashimis 10 €, plat 3,50 €, menu enfant (samedi) 6,50 €

Cuines de Santa Caterina (world)

Av. Francesc Cambó, 16
M Jaume I
932 689 918 • cuinessantacaterina.com
tlj 13h-16h, 20h-23h30 (je-sa 0h30)

Situé à l'intérieur du marché de Santa Caterina, ce grand restaurant à la décoration scandinave est sans conteste l'une des meilleures adresses du quartier. La carte est conçue par catégorie d'aliments (légumes, riz, poissons) et par style culinaire (végétarien, méditerranéen, oriental). Les plats, servis sous forme de portions, permettent de partager à plusieurs et de goûter un peu à tout.

Plat 7,50 €, dessert 4,50 €

Bacoa (sur le pouce)

Carrer Colomines, 2
M Jaume I
932 689 548 • bacoa.es
ma-je 13h-23h, ve-sa 13h-0h

L'une des meilleures adresses de la ville pour manger un burger ! Ici, rien à voir avec le fast-food : les burgers sont préparés avec des produits locaux, les sauces sont faites maison et le pain est élaboré de façon artisanale.

Burger 6 €

Bar del Convent (sur le pouce)

Carrer Comerç, 36
M Jaume I
932 565 017 • bardelconvent.com
ma-ve 10h-20h, sa 12h-20h

Installé dans un ancien couvent, ce bar est une super adresse pour les familles. À l'intérieur, des caisses de jeux et de petites chaises sont à disposition des enfants. Mais c'est surtout la terrasse intérieure qui réserve une belle surprise : les quelques tables nichées sous les arcades donnent directement sur l'ancien cloître du couvent, offrant

un terrain de jeu aux petits. Parfait aussi bien pour le goûter que pour un repas léger (pâtes, quiches, tortillas).
Plat du jour 7,60 €, dessert 2 €

La Paradeta (poisson)
Carrer Comercial, 7
M Jaume I, Barceloneta
932 681 939 • laparadeta.com
ma-sa 13h-16h, 20h-23h30, di 13h-16h
Cette grande cantine à la décoration sommaire a pour particularité de servir poissons et fruits de mer au poids. Comme au marché, on passe sa commande de gambas, crabes et calamars à l'étal situé à l'entrée. La commande est ensuite envoyée en cuisine, et quelques minutes plus tard, c'est prêt à être dégusté ! Pas cher, convivial et très familial, c'est une option originale pour bien manger en mode self-service.
Prix au poids, comme au marché

Cal Pep (catalan)
Plaça de les Olles, 8
M Jaume I
933 107 961 • calpep.com
lu 19h30-23h30, ma-ve 13h-15h45, 19h30-23h30, sa 13h-15h45
Fermé 3 sem. en août
Véritable institution où l'on vient déguster du poisson et d'excellents produits de saison sous forme de portions : artichauts frits, piments de Padrón, *rovellons* (champignons très appréciés en Catalogne), clovisses, *botiffara* (saucisse catalane). Ne vous laissez pas effrayer par la première salle, toujours bondée, où la seule option consiste à s'installer au comptoir sur des tabourets. Il y a également une salle au fond du restaurant, avec de vraies tables !
Plat 20,70 €, dessert 5 €
Réservation indispensable

TAPAS

Euskal Etxea
Placeta Montcada, 1-3
M Jaume I
933 102 185
euskaletxeataberna.com
tlj 10h-0h30 (sa-di 1h)
Cette taverne basque est située à quelques pas du musée Picasso. Sur le comptoir, une grande variété de *pintxos* (tapas sur une tranche de pain) que vous pourrez déguster assis à une table. Les enfants vont adorer, car ils auront l'impression de jouer à la dînette !

Sagardi Bcn Gòtic
Carrer Argenteria, 62
M Jaume I
933 199 993 • sagardi.com
tlj 10h-0h30 (ve-sa 1h)
Bar-restaurant basque à la décoration traditionnelle. Le comptoir est chargé de *pintxos* (les tapas version basque) déclinés en multiples variantes que vous allez pouvoir picorer en famille : jambon ibérique et poivron vert, crabe et mayonnaise, *piquillos* à la morue.

Lonja de Tapas
Pla del Palau, 7
M Jaume I
932 151 447 • lonjadetapas.com
tlj 12h-0h (ve-sa 1h)
Adresse contemporaine décorée dans un esprit bistrot et dotée d'une jolie terrasse pour les beaux jours. Grande variété de tapas et portions. Vous trouverez bien sûr les typiques croquettes, tortillas et *patatas bravas*, mais aussi de belles assiettes de jambon ibérique, des portions de paella, de fruits de mer ainsi que des produits de saison.
Menu de tapas 18 €

PIQUE-NIQUE

Parc de la Ciutadella

M Arc de Triomf

Après une visite du zoo ou une balade dans le Born, ce splendide parc de 17 ha est l'endroit parfait pour un pique-nique avec ses grands espaces verts ombragés et son lac bucolique. Pensez à faire vos provisions dans le Born car il y a peu d'options sur place.

GOÛTERS

Lolita Bakery (pâtisserie)

Carrer Portal Nou, 20
M Jaume I, Urquinaona
933 103 676 • lolitabakery.com
me-di 12h-20h

À Barcelone, comme partout ailleurs, les boutiques de cupcakes poussent comme des champignons. Cette adresse se distingue du lot car on y trouve, selon notre humble avis, les meilleurs cupcakes de Barcelone ! Quelques tables au fond de la boutique pour un goûter sur place.

La Báscula (végétarien, salon de thé)

Carrer Flassaders, 30
M Jaume I
933 199 866
me-sa 13h-23h (di 19h)

Installé dans une ancienne fabrique de chocolat, ce local à la déco éclectique est géré par une coopérative. Plats végétariens pour un déjeuner sur le pouce, mais surtout de délicieux gâteaux faits maison pour le goûter.

EIXAMPLE ET GRÀCIA

CARTE P. 44 ■ 45

RESTAURANTS

Taverna El Glop (catalan)

QUE RICO

Carrer Sant Lluís, 24
M Joanic
932 137 058 • tavernaelglop.com
tlj 13h-16h, 20h-1h

Restaurant traditionnel à la décoration rustique, avec ses nappes à carreaux, ses tonneaux à vin et ses vieilles photos aux murs. Ambiance conviviale et plutôt locale pour déguster des spécialités catalanes. En saison, optez pour le menu *calçotada,* constitué de *calçots, botifarra* (saucisse catalane), côtelettes d'agneau et crème catalane.

Entrée 5 €, plat 10 €,
menu Calçotada 26 €

Cantina Machito (mexicain)

Carrer Torrijos, 47
M Fontana
932 173 414 • cantinamachito.com
tlj 13h-23h

Installé dans une charmante rue piétonne, ce petit restaurant haut en couleur propose des spécialités mexicaines comme les tacos et les *quesadillas* (galettes de maïs en forme de lune ou de triangle) garnies de légumes, de viande ou de fromage. Quelques tables en terrasse où nos très jeunes convives pourront jouer à leur guise.

Plat 8 €, dessert 2,50 €

Cornelia and Co (world)

Carrer Valencia, 255
M Passeig de Gràcia
932 723 956 • corneliaandco.com
tlj 10h-1h

Cantine branchée qui fait office d'épicerie, de restaurant et de pâtisserie. On peut même y acheter son pique-nique à emporter ! Grande

variété à la carte où se mêlent les influences italiennes, new-yorkaises et méditerranéennes, avec un point d'honneur sur la qualité des produits.
Entrée 7,50 €, plat 10 €, dessert 6 €

Mama's Café

QUE RICO

(cuisine du marché)
Carrer Torrijos, 26
M Fontana
932 100 050
tlj (sf ma) 9h-1h (sa-di 10h)
Un petit café-restaurant imaginé pour les mamans et leurs bambins. Plats du jour, délicieux sandwichs préparés avec des produits sains, desserts maison que l'on savoure en salle ou dans le charmant patio intérieur, caché tout au fond du restaurant. Coin à langer, jouets à disposition des petits et, surtout, de l'espace pour jouer ! En prime, vos loustics y trouveront certainement des camarades de jeu, car les mamans de Gràcia raffolent de cette adresse.
Salade 7 €, sandwich 8 €, dessert 4,50 €

Amélie (world)

Plaça de la Vila de Gràcia, 11
M Diagonal
935 133 746 • amelie-restaurant.com
tlj 10h30-0h (ve-sa 2h)
fermé le mercredi en hiver
Installé sur une place emblématique de Gràcia, ce café-restaurant est prisé pour sa grande terrasse depuis laquelle les parents peuvent surveiller leurs bambins pendant qu'ils jouent sur la place. Grande variété de plats (salades, tapas, tartines, lasagnes, burgers, etc.). Une bonne option pour un déjeuner au soleil.
Entrée 5 €, plat 10 €

Nello's Bar (world)

Carrer Rosselló, 255
M Diagonal
933 685 795 • nellosbar.com
lu-ve 7h-0h, sa-di 12h-0h
Une adresse cosmopolite dotée d'une petite terrasse pour un déjeuner rapide (burgers, salades, omelettes) ou un goûter (brownie, cheese-cake, tiramisu).
Plat 8 €, dessert 5 €, menu midi 10,95 €

Flash Flash

QUE RICO

(espagnol, américain)
Carrer Granada del Penedès, 25
M Diagonal
932 370 990 • flashflashbarcelona.com
tlj 13h-1h30
Monté dans les années 1960 par un photographe barcelonais, Flash Flash est la cantine branchée des graphistes, designers et publicistes du quartier. Enfoncé dans ses grandes banquettes en skaï blanc, on y mange une infinité de tortillas salées ou sucrées (avec une cinquantaine de variétés à la carte !), des burgers et des plats du jour.
Tortilla 6 €, burger 13 €, dessert 5 €

La Delizia (italien)

Travessera de Gràcia, 28
M Diagonal, Hospital Clinic
934 144 951 • ladelizia.es
lu-sa 13h30-16h, 20h30-0h
Charmante adresse à la décoration chaleureuse où l'on vient déguster de délicieux plats de pâtes artisanales, des risottos et de bons gâteaux faits maison. Jean-Paul Gautier, Pep Guardiola et plusieurs joueurs du Barça sont déjà

passés par là ! Adorable terrasse pour profiter du soleil.
Entrée 6 €, plat 10 à 18 €, dessert 7 €

Pudding (sur le pouce)
QUE RICO
Carrer Pau Claris, 90
M Passeig de Gràcia
936 761 025 • wepudding.com
lu-ve 8h-22h, sa 9h-21h, di 10h-20h
Un lieu insolite entièrement imaginé pour les enfants, dont la décoration s'inspire du monde du cirque. À la carte, une sélection de plats du jour, sandwichs et desserts. Des jeux de société sont à disposition de vos bambins, ainsi qu'un grand tableau pour faire des dessins et des iPads avec plein d'applications éducatives.
Petit déjeuner 4€, plat du jour 7 €, brunch (sa-di) 8,50 €, dessert 4 €

Casa Calvet (catalan)
Carrer Casp, 48
M Passeig de Gràcia, Urquinaona
934 124 012 • casacalvet.es
lu-sa 13h-15h30, 20h30-23h
Installé dans un splendide bâtiment moderniste imaginé par Antoni Gaudí, ce restaurant élégant (mais pas guindé) propose une cuisine catalane créative où priment les produits de qualité. Le menu de midi, qui offre un bon rapport qualité/prix, varie tous les jours en fonction du marché.
Menu midi 34 €, menu enfant 17 €

TAPAS

La Panxa del Bisbe
Carrer Rabassa, 37
M Joanic
932 137 049
ma-sa 13h30-15h30, 20h30-0h
Ce petit restaurant propose une cuisine créative de saison, sous forme de tapas et de portions. Pour les petits gourmets, optez pour les cannellonis, les croquettes de poulet et les *tigres* (moules farcies et panées au four).
Réservation indispensable le week-end

100 Montaditos
Carrer Aribau, 242
M Diagonal
936 674 187 • 100montaditos.com
tlj 8h-0h
Cette chaîne de restaurants est spécialisée dans les *montaditos*, des tapas servies sous forme de mini-sandwichs (entre 1 et 2 € l'unité). Jambon ibérique, poivrons, saucisses, calamars… le choix est infini !

La Pepita
Carrer Còrsega, 343
M Diagonal
932 384 893 • lapepitabcn.com
lu 7h30-1h, ma-je 9h-1h, ve 9h-2h30, sa 10h-2h30
Un lieu contemporain et chaleureux où l'on partage des tapas et portions pleines de créativité qui varient en fonction des produits de saison. Pensez à réserver votre table car l'endroit est souvent bondé.

Cervecería Catalana
QUE RICO
Carrer Mallorca, 236
M Passeig de Gràcia
932 160 368
tlj 8h-1h30 (sa-di 9h)
Véritable institution, on y vient pour goûter à toutes sortes de tapas : catalanes (sous forme de portions), basques (piquées d'un cure-dent), aux fruits de mer (poulpe, gambas, calamars), mais aussi des mini-burgers et des légumes grillés. En revanche, il faudra vous armer de patience pour obtenir une table en salle ou sur la terrasse. L'endroit est extrêmement prisé, mais il est hélas impossible de réserver.

Ciudad Condal
Rambla de Catalunya, 18
M Passeig de Gràcia
933 181 997
tlj 8h-1h30 (sa-di 9h)
Grande brasserie à la catalane où tapas et portions sont exposées sur un large comptoir. Vous y trouverez tous les classiques du genre (*patatas bravas*, tortilla, croquettes, pain à la tomate), mais aussi des tapas plus créatives élaborées avec des produits de saison. Agréable terrasse sur la Rambla de Catalunya.

GOÛTERS

Café Camèlia (salon de thé)
Carrer Verdi, 79
M Fontana
934 153 686
tlj 10h-21h
Un joli petit café situé en haut de la rue Verdi, principale artère commerçante de Gràcia. On y sert des plats végétariens et des gâteaux faits maison à l'heure du goûter. Quelques jouets sont également à disposition des enfants, pour le plus grand bonheur... des parents.

La Nena (salon de thé)
Carrer Ramón y Cajal, 36
M Fontana
932 851 476
tlj 9h-22h (lu-ma 9h-14h, 16h-22h)
Petit salon de thé fréquenté par les familles à l'heure du goûter, pour boire un bon jus de fruit bio et manger un gâteau. Des ateliers pour enfants y sont programmés tous les jours (horaire variable). Vos loustics trouveront ainsi probablement des compagnons de jeu.

Tomo II (glacier)
QUE RICO
Carrer Vic, 2
M Diagonal, Fontana
932 173 192 • tomodos.com
tlj 13h-21h
L'une des meilleures adresses de Barcelone pour déguster de délicieuses glaces artisanales, sans colorants ni conservateurs. Pas de tables dans la boutique, mais vous pourrez vous installer sur l'un des bancs de la place.

Demasié Café (salon de thé)
Carrer Roger de Llúria, 8
M Urquinaona
678 596 755 • demasie.es
lu-je 7h30-21h, ve 7h30-0h, sa 9h-21h di 9h30-21h
Boutique et salon de thé spécialisés dans le chocolat et les biscuits. Vous pourrez installer vos bambins dans le grand canapé au fond du local, bien pratique pour les familles. C'est également une bonne option pour un repas léger (salades, pâtes, pizzas). *Menus 5,95 €*

Cafeteria Clarés
(salon de thé)
Carrer Bruc, 162
M Verdaguer
934 591 610 • cafeteriaclares.com
tlj 7h30-0h (sa-di 8h)
Joli café à la décoration exquise, où biscuits, viennoiseries et madeleines sont exposés sous de belles cloches en verre. À l'arrivée des beaux jours, optez pour la terrasse face à la Casa de les Punxes, splendide bâtiment moderniste du catalan Josep Puig i Cadafalch.

Crusto (boulangerie)
Carrer Valencia, 246
M Passeig de Gràcia
934 870 551 • crusto.es
lu-ve 7h30-21h (sa 8h), di 9h-14h30
Cette délicieuse boulangerie fait également office de salon de thé et de restaurant. Ici, tous les pains, viennoiseries et gâteaux sont élaborés de manière artisanale. Un vrai régal pour les becs sucrés.

Brunch & Cake QUE RICO
(salon de thé)
Carrer Enric Granados, 19
M Universitat
932 00 2872 • cupcakesbarcelona.com
tlj 9h30-21h30 (sa-di 10h)
ntérieur cosy et jolie terrasse sur une ue piétonne, parfaits pour se dégourdir es jambes. On y vient pour le petit déjeuner, le brunch ou le goûter, pour se régaler de cupcakes, brioches au Nutella, tortillas, bagels, etc.

MONTJUÏC

CARTE P. 52 ■ 53

RESTAURANTS

La Lola (catalan, espagnol)
Gran Via de les Corts Catalanes, 373-385
M Espanya
934 255 714 • laloladelasarenas.com
tlj 10h-1h
itué au sommet du centre commercial as Arenas, ce beau restaurant à la éco moderne et joyeuse sert des ortions à partager (beignets de morue, *iquillos*, etc.) ainsi qu'un excellent nenu élaboré avec des produits de aison. Depuis sa grande terrasse (qui ait le tour du centre commercial), vous ourrez profiter d'une magnifique vue anoramique.
lat 5 €, menu 14 € le midi t 21 € le soir.

GOÛTERS

Federal Café (café) QUE RICO
Carrer Parlament, 39
M Poble Sec
931 873 607 • federalcafe.es
ma-ve 8h-0h, sa 9h-1h, di 9h-17h30
Ce café à l'esprit scandinave est tout indiqué à l'heure du petit déjeuner, du brunch et du goûter. Les banquettes ouvertes sur la rue, la terrasse sur le toit et les grandes tables en bois séduisent les familles branchées du quartier venues se régaler de cupcakes, gâteaux et viennoiseries.

Horchatería Sirvent
(salon de thé)
Carrer Parlament, 56
M Poble sec
934 412 720 • turronessirvent.com
tlj 9h-21h (avr-oct), 9h-14h30, 17h-20h30 (nov-déc)
Cet établissement traditionnel propose depuis 1943 des spécialités valenciennes : en hiver, le *turrón*, et en été l'*horchata*, une boisson sucrée élaborée à base de jus de souchet, très populaire à Barcelone.

PORT ET LITTORAL

CARTE P. 60 ■ 61

RESTAURANTS

Els Pescadors (poisson) QUE RICO
Plaça de Prim, 1
M Poblenou
932 252 018 • elspescadors.com
tlj 13h-15h45, 20h-23h30
Élégant restaurant situé sur une très jolie place où vos *niños* pourront jouer et courir pendant que vous déjeunez tranquillement en terrasse. À la carte : des poissons et fruits de mer de première fraîcheur, avec des prix en conséquence. Pour les petits, une carte spéciale leur est consacrée avec des

pâtes, du poulet, du poisson pané, etc.
Entrée 9 €, plat 16 €, dessert 5 €, menu enfant 8,50 €, réservation conseillée

Els Pollos de Llull (world)
Carrer Ramon Turró, 13
M Ciutadella-Vila Olímpica
932 213 206 • elspollos.com
tlj 13h-23h (ve-sa 0h)
Un restaurant aux allures de grande cantine, principalement fréquenté par des familles. Sa spécialité ? Le poulet rôti accompagné de frites, de chips ou de pommes de terre au four. Simple, bon et pas cher.
Demi-poulet 6 €, dessert 2,50 €, menu midi 8,50 €

Agua (méditerranéen)
Passeig Marítim, 30
M Ciutadella-Vila Olímpica
932 251 272 • grupotragaluz.com
tlj 13h-16h, 20h-23h30 (sa-di 0h30)
Bien que la décoration intérieure soit particulièrement séduisante, c'est en terrasse qu'il vaut mieux déjeuner. Face à la mer, quasiment les pieds dans le sable, vous allez vous régaler de savoureux plats de riz cuits au charbon de bois, la spécialité de la maison.
Entrée 9 €, plat 9 €, dessert 4 €

Pez Vela (méditerranéen)
Passeig del Mare Nostrum, 19
M Barceloneta QUE RICO
932 216 317
tlj 13h-16h, 20h-23h30 (ve-sa 0h30)
En hiver, fermé di soir et lu
Au pied de l'hôtel W (immanquable, avec sa structure en forme de voile), un restaurant à la déco chic et contemporaine pour déguster de délicieuses salades et des paellas face à la mer. Agréable terrasse donnant sur la promenade maritime.
Paella 15 €, dessert 4,50 €, menu 35 €

7 Portes (méditerranéen)
Passeig Isabel II, 14
M Barceloneta
933 193 033 • 7portes.com
tlj 13h-1h
Les 7 Portes est une véritable institution et ce depuis 1836. La maison est réputée pour sa paella (la *parellada)* à base de poisson, de viande et de légumes. Des plaques aux murs commémorent le nom des célébrités qui ont mangé ici (Catherine Deneuve, Lauren Bacall, Salvador Dalí, le roi et la reine d'Espagne, entre autres).
Plat 10 €, paella 25 €

Woki Market (asiatique)
Passeig Marítim, 1
M Barceloneta
932 241 251 • wokimarket.com
tlj 12h-21h (ve-sa 22h)
Cette épicerie spécialisée dans les produits bio, asiatiques et latinos prépare des plats à emporter à base de nouilles, de riz ou de légumes, le tout cuisiné dans un wok. Installez-vous sur la plage ou sur un banc de la promenade maritime pour déguster votre *woki.*
Woki 4,90 €

TAPAS

La Bombeta
Carrer Maquinista, 3
M Barceloneta
933 199 445
lu-mar, je-sa 10h-0h, di 10h-17h, 19h30-0h
Un bar à tapas aux allures de cantine où vous pourrez tester la *bombeta,* spécialité du quartier de la Barceloneta, qui s'apparente à une grosse boule de pomme de terre garnie de viande, panée et servie avec une sauce piquante. Les enfants vont adorer !

Jai-ca

Carrer Ginebra, 13
M Barceloneta
932 68 32 65
ma-sa 9h-23h30 (di 22h30)
Seulement quelques tables en salle ou en terrasse pour déguster de très bonnes tapas, principalement des fritures. À tester impérativement : les beignets de morue et les calamars frits. *Réservation indispensable*

GOÛTERS

Horchatería El Tío Ché

(glacier)
Rambla del Poblenou, 44
M Poblenou
933 091 872 • eltioche.es
tlj (sf me) 10h-22h (été),
10h-14h, 17h-22h (hiver)
Un établissement emblématique situé sur l'agréable Rambla del Poblenou qui propose, depuis plus d'un siècle, des *turrones* et de l'*horchata* valencienne. Vous pourrez aussi y déguster d'excellentes glaces de fabrication artisanale, sans colorants.

Baluard (boulangerie)

Carrer Baluard, 38-40
M Barceloneta
932 211 208 • baluardbarceloneta.com
lu-sa 8h-21h
Aucune table pour manger sur place, mais ce serait vraiment dommage de passer à côté de la meilleure boulangerie de Barcelone. Notre conseil : faites vos provisions de viennoiseries et installez-vous sur l'un des bancs de la promenade maritime pour les déguster face à la mer !

Eyescream and Friends

QUE RICO

(glacier)
Passeig de Joan de Borbó, 30
M Barceloneta
932 215 310 • eyescreamandfriends.com
tlj 13h-23h (été 3h)
Ce glacier original propose des glaces bio aussi bonnes à voir qu'à manger ! On choisit d'abord son parfum (peu de choix, mais on croirait manger un vrai fruit), puis le bloc de glace passe dans une ingénieuse machine rotative qui le transforme en fines lamelles. On sélectionne ensuite 2 sauces d'accompagnement, et il ne reste plus qu'à tremper sa cuillère emplie de glace dans la sauce. Un régal !

PARK GÜELL

CARTE P. 68 ■ 69

PIQUE-NIQUE

Park Güell

Carrer d'Olot, 5
M Lesseps, Vallcarca
Lieu de visite incontournable de Barcelone, le Park Güell n'en reste pas moins un parc avec tables de pique-nique, jeux pour enfants et grands espaces verts. C'est donc un lieu tout indiqué pour pique-niquer, d'autant que les rares restaurants des environs sont de véritables pièges à touristes. Pensez à emporter des provisions et prévoyez une bonne matinée entre la visite du parc, le pique-nique et, pourquoi pas, une petite sieste à l'ombre des arbres !

MADE IN
SPAIN

On a cassé la tirelire

À Barcelone, on peut faire de bonnes affaires. Les grandes enseignes de la mode espagnole sont en effet environ 25 % moins chères par rapport au reste de l'Europe. C'est l'occasion de renouveler la garde-robe de toute la famille, surtout si vous êtes de passage pendant les soldes (janvier-février pour les soldes d'hiver et juillet-août pour les soldes d'été). Sachez également que les touristes bénéficient d'une réduction de 10 % dans les centres commerciaux de la chaîne El Corte Inglés. Pour en bénéficier, il faut remplir une fiche auprès du service clients.
Dans notre sélection d'adresses, nous avons mis l'accent sur les boutiques anciennes, insolites ou originales. Il s'agit surtout de petits créateurs, mais aussi d'artisans ou de concept-stores. Nous vous signalons aussi les stocks des grandes marques espagnoles et leurs boutiques vraiment emblématiques en ville.
Et pour combler petits et grands gourmands, impossible de faire l'impasse sur le *turrón* espagnol ou le jambon ibérique. Découvrez nos bonnes adresses pour faire vos provisions !

Nos adresses préférées sont signalées par le sigle ME GUSTA ("ça me plaît", en espagnol).

BARRI GÒTIC ET RAVAL

CARTE P. 28 ■ 29

Voici le cœur commerçant de Barcelone. Les grandes enseignes de la mode se concentrent sur la Plaça de Catalunya, le Portal del Ángel et la Carrer de la Portaferrissa. Pour sortir des sentiers battus, enfoncez-vous dans les ruelles du Barri Gòtic pour découvrir les antiquaires de la Carrer del Call ou les boutiques de mode de la Carrer d'Avinyó. Le Raval, cosmopolite et alternatif, est le quartier des magasins de disques (Carrer Tallers) et des fripes (Carrer Riera Baixa). Au hasard des rues, vous tomberez aussi sur de petits créateurs, des librairies d'art ou encore des boutiques de meubles vintage.

La Manual Alpargatera

(mode)
ME GUSTA
Carrer d'Avinyó, 7
M Liceu, Jaume I
933 010 172 • alpargata-barcelona.com
lu-sa 9h30-13h30, 16h30-20h
Pour trouver espadrille à son pied, direction La Manual Alpargatera, une boutique emblématique qui chausse petits et grands depuis 1941. Création artisanale et de grande qualité.

Camden Petits (mode)

Carrer Tallers, 5
M Catalunya
934 125 545 • camdenpetits.com
lu-ve 10h-20h30, sa 10h30-21h
Parce que les punks, rockeurs et alternatifs en tous genres ont eux aussi des enfants, Camden Petits propose des vêtements pour les habiller. T-shirts à l'effigie des stars du rock, vestes en cuir version mini, bavoirs imprimés léopard : toute la panoplie du baby rockeur.

Topshop (mode)

Carrer de Bergara, 1

M Catalunya
933 015 343 • topshop.com
lu-sa 10h-20h30
Les ados raffolent des collections de cette marque anglaise qui habille filles et garçons au top de la mode et à petits prix. Comme il n'y a pas de boutiques en France, c'est l'occasion d'aller y faire un tour, même par simple curiosité.

Lefties (mode)

Carrer de Pelai, 2-4
M Catalunya, Universitat
933 175 070 • lefties.com
lu-sa 10h-21h30
Une marque *low cost* qui appartient au même groupe que Zara, où l'on trouve des collections pour homme, femme et enfant à petits prix.

El ingenio (loisirs)

ME GUSTA

Carrer de Rauric, 6
M Liceu
933 177 138
miescaparate.com/elingenio
lu-ve 10h-13h30, 16h30-20h,
sa 10h-14h, 17h-20h30
Depuis 1838, cette belle boutique est spécialisée dans la fabrication et la vente des traditionnels "géants" et "grosses têtes" (p. 13), ces curieux personnages en carton-pâte qui peuplent les fêtes patronales des villes et villages de Catalogne.
Vous pourrez admirer également de superbes costumes de carnaval, des jouets anciens et des masques.

Taller de Marionetas Travi (loisirs)

Carrer d'Amargós, 4
M Catalunya, Urquinaona
934 126 692 • marionetastravi.com
lu-sa 12h-21h
Un véritable atelier de fabrication de marionnettes. En bois, en papier mâché, en tissu, toutes les marionnettes sont fabriquées sur place. La plupart sont créées sur commande pour des spectacles ou pour la télévision. Même si vous ne voulez rien acheter, entrez. C'est un vrai plaisir pour les yeux !

Drap Miniatures (loisirs)

Carrer del Pi, 14
M Liceu, Jaume I
933 181 487
lu-sa 10h-14h, 16h30-20h
Boutique spécialisée dans la fabrication de maisons de poupée, qui expose ses créations dans sa jolie vitrine.
À l'intérieur, vos petites princesses seront émerveillées par les collections miniatures de fauteuils, horloges, pianos, services à thé… Il y a même du papier peint conçu spécialement pour orner les murs des maisons de poupée. De quoi donner envie aux mamans de retomber en enfance !

El Palacio del Juguete (loisirs)

Carrer dels Arcs, 8
M Liceu, Jaume I
93 318 1283 • palaciodeljuguete.net
lu-ve 10h-13h30, 16h30-20h,
sa 10h30-20h30
Ce "palais du jouet" ouvert en 1936 expose dans sa belle vitrine de véritables trésors : soldats de plomb, robots, petites voitures, jeux en bois et même des figurines de la police catalane. Plus qu'un palais, voici plutôt le paradis du jouet.

Cerería Subirà (cadeaux)
Baixada Llibreteria, 7
M Jaume I
933 152 606 • cereriasubira.net
lu-ve 9h30-13h30, 16h-20h, sa 10h-14h, 17h-20h
Cette enseigne de bougies est l'une des plus anciennes de la ville, puisqu'elle a été fondée en 1761. On s'y arrêtera pour admirer la splendide décoration intérieure de la boutique où trône un grand escalier gardé par deux belles statues en bronze.

Herboristeria del Rei
(cadeaux)
Carrer Vidre, 1
M Liceu
933 180 512 • herboristeriadelrei.com
ma-ve 16h-20h, sa 10h-20h
Boutique emblématique fondée en 1823, elle fournissait la reine d'Espagne en plantes médicinales. La décoration intérieure est remarquable avec ses vieilles vitrines chargées de bocaux et ses meubles à tiroirs remplis de plus de 220 variétés de plantes. Au centre de la boutique, vous verrez le buste de Carl von Linné, considéré comme le fondateur de l'histoire naturelle moderne.

El Corte Inglés
(grand magasin)
Plaça de Catalunya, 14
M Catalunya
933 063 800 • elcorteingles.es
lu-sa 10h-22h
El Corte Inglés est la plus importante chaîne espagnole de grands magasins. C'est un peu l'équivalent de nos Galeries Lafayette, mais en moins chic. Vous y trouverez absolument tout : mode pour habiller toute la famille, déco, jouets, informatique, alimentation… Une fois dedans, il vous sera difficile d'en ressortir les mains vides, d'autant que vous pouvez bénéficier de 10 % de réduction en tant que touriste. Pour cela, il suffit de vous présenter au service clients muni de vos papiers d'identité.

Papabubble (alimentation)
Carrer Ample, 28
ME GUSTA
M Jaume I
932 688 625 • papabubble.com
lu-ve 10h-14h, 16h-20h30, sa 10h-20h30
Des bonbons "design" fabriqués de manière artisanale, sous les yeux des gourmands, à partir d'une longue pâte sucrée qui prend de multiples formes. Vos petites princesses se laisseront probablement séduire par la sucette en forme de bague.

Planelles Donat (alimentation)
Avingunda del Portal de l'Àngel, 25-27
M Catalunya
933 173 439
ME GUSTA
planellesdonat.com
lu-sa 10h-21h30
Petits et grands gourmands pourront faire une razzia sur les *turrones* dans cette prestigieuse enseigne. Parmi les incontournables, le *turrón* mou de Xixona, le *turrón* dur aux amandes d'Alicante et le *turrón* à la crème catalane. Planelles Donat est réputé également pour ses glaces artisanales et son *orxata*, une boisson sucrée originaire de Valence.

BORN ET RIBERA

CARTE P. 36 ■ 37

C'est le quartier du shopping branché, où les concept-stores, designers et jeunes créateurs sont légion, en particulier autour des Carrer del Rec, Carrer de l'Argenteria et Carrer Comerç. Le Born est également le quartier des galeries d'art et des bijoutiers, qui se concentrent pour la plupart aux alentours du musée Picasso.

Muna (mode)

Carrer dels Flassaders, 34
M Jaume I
933 101 356 • munakids.com
lu-sa 11h-20h30

Des vêtements trendy pour les 0-8 ans dans cette boutique qui mise sur l'originalité, les tissus organiques et les marques de jeunes créateurs internationaux. Une sélection soignée à la pointe des tendances, mais avec des prix en conséquence.

Camper (mode)

Placeta de Montcada, 11
M Jaume I
933 194 804 • camper.com
lu-sa 10h-21h

Cette marque de chaussures, d'origine catalane, a su conquérir toute la planète avec ses collections pour homme, femme et enfant.

El Rei de la Màgia (loisirs)

ME GUSTA

Carrer de la Princesa, 11
M Jaume I
933 193 920 • elreydelamagia.com
lu-ve 11h-14h, 17h-20h, sa 11h-14h

Cette boutique centenaire est entièrement dédiée au monde de l'illusionnisme. Vous y trouverez donc toute la panoplie du parfait magicien (capes, baguettes, etc.), ainsi que des jeux de cartes et des objets truqués.

Arlequi Mascares (loisirs)

Carrer de la Princesa, 7
M Jaume I
932 682 752 • arlequimask.com
tlj 10h30-20h30 (di 19h30)

Superbe boutique entièrement dédiée à la vente de masques qui sont tous fabriqués de manière artisanale et peints à la main. Masques vénitiens ou catalans, de la commedia dell'arte ou du théâtre nô, en cuir ou en mosaïque : la variété est surprenante.

Happy Pill (alimentation)

ME GUSTA

Carrer de l'Argenteria, 70
M Jaume I
932 956 842 • happypills.es
lu-sa 10h-21h30, di 11h-21h

Une boutique rigolote où les bonbons sont vendus sous forme de comprimés ! Vos bambins pourront jouer au docteur en prescrivant une boîte de bonbons colorés à leur ours en peluche enrhumé ou à la marchande qui a mangé toutes les délicieuses victuailles de la dînette !

EIXAMPLE ET GRÀCIA

CARTE P. 44 ■ 45

L'Eixample est le quartier de prédilection des Barcelonais pour faire du shopping. Sur la Rambla de Catalunya et ses rues perpendiculaires, vous trouverez une multitude d'enseignes de prêt-à-porter, des boutiques de déco et des épiceries fines, tandis que les grandes marques du luxe ont élu domicile sur le Passeig de Gràcia, l'avenue commerçante la plus chic de Barcelone. Quant au quartier bobo de Gràcia, il abrite son lot de créateurs et concept-stores.

Nice Things Mini (mode)

ME GUSTA

Carrer de Valencia, 254
M Passeig de Gràcia
931 802 717 • nicethings.es/mini
lu-ve 10h-20h (sa 20h30)

Parce que les petites filles rêvent souvent de s'habiller comme leur maman, la marque espagnole Nice Things se décline en format mini. Des vêtements colorés pour petite fille sage où abondent les motifs fleuris, les pois et les carreaux.

Blanco (mode)
Passeig de Gràcia, 27
M Passeig de Gràcia
932 724 796 • blanco.com
lu-sa 10h-21h
Enseigne espagnole qui cartonne auprès des ados avec ses collections dans l'air du temps et ses petits prix. Vêtements, chaussures et accessoires pour fille et garçon.

Bershka (mode)
Passeig de Gràcia, 7
M Catalunya
934 816 124 • bershka.com
lu-sa 10h-22h
Voici une autre marque espagnole pour jeune fille à la pointe des tendances. Les vêtements et les accessoires sont ici environ 25 % moins chers que dans le reste de l'Europe où cette marque est devenue la coqueluche des jeunes modeuses.

Desigual Outlet (mode)
Carrer de la Diputació, 323
M Girona
932 720 066 • desigual.com
lu-sa 9h-21h
Connue pour sa vision optimiste de la mode, cette fameuse enseigne catalane fait un carton dans toute l'Europe avec ses vêtements aux imprimés très colorés. Précipitez-vous dans cet outlet, vous y trouverez des modèles des collections passées pour femme, homme, enfant et ado, vendus à prix réduits.

Mango Outlet (mode)
Carrer de Girona, 37
M Girona
934 122 935 • mangooutlet.com
lu-sa 10h-21h
Ici vous allez trouver les fins de séries de la célèbre chaîne catalane Mango avec jusqu'à 70 % de réduction. Les amateurs de bonnes affaires ne seront plus où donner de la tête.

Lotta (mode)
Carrer del Bruc, 126
M Verdaguer
932 075 090 • lotta.es
lu-sa 10h30-14h, 16h30-20h
Imagination et fantaisie sont les piliers de cette petite boutique qui propose des vêtements rigolos, confortables et colorés pour les loustics de 2 à 12 ans. La boutique n'est pas bien grande, mais il y a toujours de la place pour jouer entre deux essayages.

Rock 01 Baby (mode) ME GUSTA
Carrer de Bonavista, 16
M Diagonal
933 68 89 80 • rock01baby.com
lu-ve 10h-20h30, sa 11h-20h30
C'est l'adresse des mamans branchées qui viennent ici parfaire le look rock and roll de leurs chérubins. On y trouve des T-shirts à l'effigie des grands groupes de rock, des tétines rigolotes, des guitares en mousse et même des casques flashy pour protéger les tympans de bébé lors des concerts.

Kiddy's Class (mode)
Carrer Gran de Gràcia, 74
M Diagonal, Fontana
933 687 473
lu-sa 10h-20h30
Vêtements, chaussures et accessoires à petits prix pour bébés et enfants dans cette enseigne du groupe espagnol Inditex (propriétaire notamment des marques Zara et Massimo Dutti). Jusqu'à moins 70 % en période de soldes.

Kiss and Cakes (mode)
Rambla de Prat, 19
M Fontana
932 188 352 • kissandcakes.com
u-ve 10h30-14h, 16h30-20h30,
sa 11h-14h, 17h-20h30
Vêtements et accessoires pour enfants dans cette boutique qui propose une élection de petits créateurs et ses propres créations. Jolie collection 'accroche-tétines, peignoirs et haussons de fabrication artisanale.

Zara (mode, déco)
asseig de Gràcia, 16
M Catalunya, Passeig de Gràcia
33 187 675 • zara.com
u-sa 10-22h
tulie de décrire cette marque spagnole qui a conquis en quelques nnées le monde entier avec ses ollections à petits prix. Barcelone mpte plusieurs Zara, mais si vous e deviez n'en faire qu'un seul, alors est celui-ci sans aucun doute ! Cette plendide boutique trône sur le Passeig e Gràcia. Collections pour hommes, mmes, ados, enfants, ainsi qu'un Zara ome au sous-sol pour la décoration.

gatha Ruiz de la Prada
node, déco)
rrer del Concell de Cent, 314-316
Passeig de Gràcia
2 155 288
agatharuizdelaprada.com
lu-sa 10h30-20h30
Boutique de la célèbre créatrice espagnole connue pour son goût immodéré pour les couleurs flashy et les imprimés en forme de cœurs. Vous y trouverez des vêtements pour bébé, petite fille et pour femme, ainsi que des draps de lit et des accessoires.

Limo Bebe (mode, déco)
ME GUSTA
Carrer de la Diputació, 278
M Passeig de Gràcia
902 550 883 • limobebe.com
lu-sa 10h30-20h
On trouve ici les dernières tendances en matière d'articles de puériculture ainsi qu'une belle sélection d'objets décoratifs, de veilleuses, peluches, etc. La ligne de vêtements Limobasics propose des basiques en coton pour les 0-5 ans dans toutes les couleurs de l'arc-en-ciel. Eh oui, pourquoi les filles seraient en rose et les garçons en bleu quand il y a tant de couleurs !

Nobodinoz (mode, déco)
ME GUSTA
Carrer de Seneca, 9
M Diagonal
933 686 335 • nobodinoz.com
lu-sa 10h30-14h30, 16h30-20h30
Véritable référence à Barcelone, Nobodinoz est le concept-store à ne pas manquer. Cette boutique design propose des meubles, des vêtements, des accessoires et des jouets pour les *niños* à la pointe des tendances.

Melic (mode, déco)
ME GUSTA
Carrer del Diluvi, 3
M Diagonal, Fontana
932 387 812 • melicbebe.com
lu-ve 10h30-21h,
sa 11h-14h, 17h30-21h
Une boutique dédiée aux 0-4 ans qui propose des créations originales et une sélection de marques scandinaves.

Jolie sélection déco pour la chambre de bébé (papier peint, coussins, draps, couvertures, etc.) et des bodies craquants pour les nouveau-nés...

Olokuti (mode, déco)

Carrer d'Astúries, 36-38
M Fontana
932 170 070 • olokuti.com
lu-sa 10h-21h30 (ve-sa 22h)

Mode et éthique vont de pair dans cette jolie boutique. Ici, tous les produits sont issus du commerce équitable ou fabriqués de manière artisanale. Vous y trouverez des vêtements pour toute la famille, des jouets, des produits bio pour bébé. Vos bambins pourront s'éclater dans le grand jardin, situé au fond de la boutique, pendant que vous faites vos achats.

Vinçon (décoration)

ME GUSTA

Passeig de Gràcia, 96
M Diagonal
93 215 6050 • vincon.com
lu-sa 10h-20h30

Voici le temple du design à Barcelone qui expose, dans sa somptueuse boutique, une sélection très pointue de meubles, objets déco et gadgets. Vous y trouverez aussi une section dédiée aux enfants avec de beaux jouets en bois, des petites voitures rétro et du matériel de puériculture design. Un concept-store incontournable de Barcelone.

Imaginarium (jouets)

ME GUSTA

Passeig de Gràcia, 103
M Diagonal
932 725 710 • imaginarium.es
tlj 10h-20h (ve-sa 21h)

Immense boutique de 900 m² dédiée à l'univers du jouet. Ici, l'imagination est le maître mot. Des loisirs créatifs aux jeux éducatifs en passant par la déco ou les livres pour enfant, Imaginarium propose trois étages entièrement dédiés à vos bouts de chou. Plusieurs services malins sur place, dont un espace Danone pour le goûter (yaourts, glaces) et un coiffeur.

Doctor Paper Bcn (cadeaux)

Travessera de Gràcia, 130
M Diagonal, Fontana
934 771 746 • doctorpaperbcn.com
lu-sa 10h30-14h, 17h-20h30

Boutique de gadgets et d'objets de style rétro. Figurines de Tintin, kits de préparation de cupcakes, carnets et albums à l'ancienne, entre autres bonnes trouvailles.

Be House (cadeaux)

ME GUSTA

Carrer de Bonavista, 7
M Diagonal
932 188 949 • behouse.es
lu-ve 10h30-21h,
sa 10h30-15h, 16h-21h

Cette boutique design propose une foule d'objets rigolos et astucieux pour la maison. Rien d'indispensable, mais plein de choses très sympas pour se faire plaisir.

Les Glòries
(centre commercial)

Avingnda Diagonal, 208
M Glòries
934 860 404 • lesglories.com
lu-sa 10h-22h

Plus de 150 boutiques sont réunies dans ce grand centre commercial, parm lesquelles vous trouverez les principale enseignes de la mode espagnole (Zara Mango, Massimo Dutti) et des magasi de jouets (Disney Store, Imaginarium, etc.). Vous pourrez laisser vos loustics dans *l'espai Màgic*, où un service de garderie avec jeux et ateliers pour les enfants de 4 à 9 ans est organisé pou permettre aux parents de faire leur shopping en toute tranquillité.

Colmado Quilez (alimentation) ME GUSTA
Rambla de Catalunya, 63
M Passeig de Gràcia
932 158 785 • lafuente.es
lu-ve 9h-14h, 16h30-20h30, sa 9h-14h
Une véritable institution à Barcelone, avec ses 16 vitrines chargées de bons produits. Cette splendide épicerie moderniste, fondée en 1908, est l'endroit parfait pour faire des provisions de conserves, *turrones* et vins catalans.

Reserva Ibérica (alimentation)
Carrer Aragó, 242
M Passeig de Gràcia
932 724 974 • reservaiberica.com
lu-ve 9h30-21h, sa 10h-21h
Cette boutique sélectionne les meilleurs producteurs d'Espagne de jambon ibérique pour offrir une sélection très haut de gamme. Les tranches de jambon sont découpées au couteau, dans la plus pure tradition espagnole.

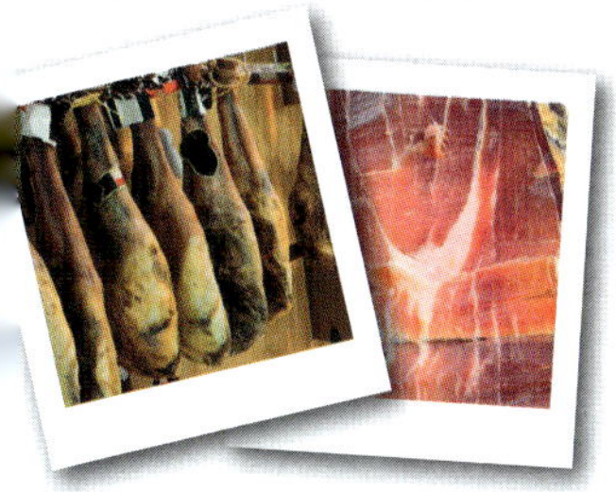

Cacao Sampaka (alimentation)
Carrer Consell de Cent, 292
M Passeig de Gràcia
932 720 833 • cacaosampaka.com
lu-sa 9h-21h
Pour les gourmands, arrêt obligatoire dans cette belle boutique entièrement dédiée à l'univers du chocolat, avec en prime un espace dégustation pour ceux qui ne peuvent résister à la tentation.

Mas (alimentation)
Carrer Gran de Gracia, 93
M Fontana
932 379 339 • masgourmets.com
lu-ve 8h30-20h30, sa 9h30-20h
Une excellente adresse pour faire des provisions de jambon ibérique. Très grande variété et produits conservés sous vide permettant un transport facile.

MONTJUÏC

CARTE P. 52 • 53

Du côté de Montjuïc, les boutiques d'artisanat du Poble Espanyol sont une escale shopping originale. Au pied de Montjuïc, le centre commercial Arenas trône sur la Plaça d'Espanya.

Lola for kids (mode)
Carrer de l'Olivera, 8
M Poble Sec
934 415 295 • lolaforkids.com
lu-ve 10h-16h
Boutique de vêtements et d'accessoires pour bébé et enfant jusqu'à 10 ans. Des collections originales et colorées, imaginées par deux jeunes créatrices.

Arenas de Barcelona (centre commercial) ME GUSTA
Gran via de les Corts Catalanes, 373-385
M Espanya
932 890 244 • arenasdebarcelona.com
lu-sa 10h-22h
Les Catalans ne sont pas amateurs de corrida. Les anciennes arènes ont donc été transformées en centre commercial, tout en conservant la façade moderniste du bâtiment original. On y trouve les grandes enseignes de la mode, des restaurants et même une boutique dédiée à Tintin ainsi qu'une terrasse offrant une magnifique vue. On y accède par des escalators gratuits ou un ascenseur en verre (+ 12 ans, 1 €).

Poble Espanyol

ME GUSTA

(centre commercial)
Avinguda de Francesc Ferrer i Guàrdia
M Espanya ou B 13, 150
935 086 300 • poble-espanyol.com
tlj 10h-20h (été), 10h-18h (hiver), 10h-19h (printemps et automne)
Le Poble Espanyol est un immense parc d'attractions où sont reconstitués une centaine de bâtiments historiques mettant en valeur la richesse et la diversité de la culture régionale espagnole (p. 54). On y trouve également une quarantaine d'ateliers d'artisanat dédiés au travail du verre, du cuir, de la dentelle, de la céramique ainsi que de boutiques de souvenirs. Attention, l'entrée du parc est payante.

PORT ET LITTORAL

CARTE P. 60 ■ 61

Les boutiques sont rares sur le littoral de Barcelone. En revanche, on y trouve un centre commercial, Maremagnum, qui comblera les amateurs du genre. Si vous découvrez avec effroi que toutes les boutiques sont fermées le dimanche, pas de panique, le centre est ouvert 365 jours par an !

I Love Kutchi (cadeaux)

Carrer Andrea Dória, 41
M Barceloneta
680 719 779 • ilovekutchi.com
lu-sa 10h-14h30, 16h30-20h30
Dans cette petite boutique, tout est fait main : des peluches aux poufs en passant par les chaussons pour bébé.

Maremagnum

(centre commercial)
Moll d'Espanya, 5
M Barceloneta
932 258 100 • maremagnum.es
tlj 10h-22h
On y trouve une cinquantaine de boutiques, dont les grandes enseignes de la mode pour toute la famille ainsi qu'une boutique officielle du FC Barcelona et un grand choix de restaurants. Il s'agit du seul centre commercial ouvert tous les jours, y compris le dimanche et les jours fériés.

ENVIRONS DE BARCELONE

Envie de refaire la garde-robe de la famille à bon compte ? À moins de 1h de Barcelone, vous trouverez deux occasions de prouver que vous avez le flair pour de bonnes affaires. Adeptes de la marque Mango ou amateurs de grandes marques, à vous de choisir !

Mango Factory Outlet

(mode)
À 25 km de Barcelone • départ du bus Passeig de Sant Joan (50 min de trajet en semaine et 35 min le sa)
mangooutlet.com
lu-ve 10h-20h30, sa 10h-21h
Pour les additcs de la marque, cet espace de 12 000 m², situé juste à côté de l'usine Mango, propose des collections actuelles avec de petits défauts de fabrication ainsi que des collections passées pour toute la famille. Prix vraiment très intéressants.

La Roca Village

Santa Agnès de Malanyanes, La Roca del Valles (30 km de Barcelone)
départ en bus (Carrer Casp, 34)
tlj 9h, 11h, 13h, 16h, 18h (45 min de trajet)
938 423 939 • larocavillage.com
lu-sa 10h-21h
Un véritable village dédié au shopping dégriffé où une centaine de grandes marques proposent leurs collections à prix réduits (jusqu'à moins 80 %). Les amateurs de bonnes affaires seront comblés.

LES MARCHÉS

À Barcelone, chaque quartier a son propre marché de produits frais. Il s'agit de marchés couverts où se mêlent étals de fruits et légumes, rangées de jambons ibériques et :omptoirs pour se restaurer. C'est l'endroit parfait pour se mêler à la population locale et faire des provisions de spécialités régionales. Pour les petits comme pour les grands, a promenade entre les étals réserve in spectacle sans cesse renouvelé l'odeurs, de couleurs et de senteurs.

Mercat de la Boquería

Rambla, 91
Liceu
933 182 584 • boqueria.info
u-sa 8h-20h30

ME GUSTA

e grand marché couvert de style noderniste est une institution à lui out seul. Situé au bord des Ramblas, réunit plus de 300 étals de produits ocaux ou exotiques. Les chefs des rands restaurants viennent y faire eurs emplettes aux côtés des habitants u quartier et des touristes venus des uatre coins du monde.

plus des traditionnels vendeurs de uits, légumes, poissons ou charcuterie, trouve des étals dédiés aux jus de its frais exotiques, fleurs comestibles, oduits latinos, etc. Sans oublier des ands de bonbons au poids qui vont vir les enfants. La Boquería abrite également plusieurs comptoirs qui servent de savoureuses portions et tapas élaborées avec les produits du marché, notamment l'emblématique Bar Pinotxo (sur la droite depuis l'accès par les Ramblas). Et pour les gourmands, arrêt obligatoire dans les divers stands de *turrones*. Vous en trouverez de toutes sortes à consommer immédiatement ou à glisser dans vos valises.

Mercat de Santa Caterina

Avinguda Francesc Cambó, 16
M Jaume I
933 195 740 • mercatsantacaterina.net
lu 7h30-14h, ma-sa 7h30-15h30 (je-ve 20h30)

Inauguré en 1848, il s'agit du plus ancien marché couvert de Barcelone. Il fut édifié sur les ruines du couvent de Santa Caterina (XIIIe siècle). On peut d'ailleurs voir quelques vestiges dans le Centre d'interprétation situé à l'intérieur même du marché (lu-sa 10h-14h). Brillamment rénové en 2005, le Mercat de Santa Caterina arbore aujourd'hui un toit ondulant couvert de mosaïques colorées. À l'intérieur, diverses échoppes vendent fruits, légumes, poissons et viandes. Le marché abrite aussi un excellent restaurant : Cuines de Santa Caterina (p. 99).

Mercat Gòtic

Plaça Nova
M Jaume I
661 232 713 • mercatgotic.com
je 10h-21h

Tous les jeudis, sur la place de la cathédrale, une trentaine de stands exposent des objets anciens et des antiquités. Les amateurs du genre pourront y dénicher de vieilles affiches, des éventails, des jouets anciens, des appareils photo, etc. Une petite balade qui peut s'avérer très exotique pour les enfants curieux.

HOTEL

Où est-ce qu'on dort

L'offre d'hôtels à Barcelone est très vaste mais tous ne sont pas adaptés aux besoins des familles. Nous avons donc sélectionné pour vous les hôtels ou les appart-hôtels les mieux adaptés.
Chaînes hôtelières, petits hôtels indépendants, hôtels de luxe, pensions, appart-hôtels, appartements, vous trouverez dans cette liste une grande variété de logements. Tous ont en commun un accès facile au métro et la proximité des zones touristiques ou de la plage. Sauf indication contraire, tous ces établissements sont accessibles par ascenseur.
Concernant certaines catégories de chambres, sachez que dans certains cas il est indispensable de réserver directement auprès de l'hôtel par mail ou par téléphone, car ces chambres ne sont généralement pas vendues sur les sites classiques de réservation. Nous vous le signalons au cours de ces pages.
D'une manière générale, les prix des hôtels à Barcelone sont relativement bon marché par rapport à la qualité des prestations proposées dans le reste de l'Europe. Beaucoup disposent aussi de piscines extérieures : c'est l'occasion de se faire plaisir !

Nos adresses préférées sont signalées par ce sigle

HÔTELS ET APPART-HÔTELS

Les tarifs varient en fonction du taux d'occupation, de la saison et de la date de réservation. Pour vous permettre de vous repérer facilement, nous avons classé les établissements par gamme de prix, sur la base d'un hébergement pour 2 adultes et 2 enfants, réservé 2 mois à l'avance. Les prix augmentent en haute saison mais, si vous vous y prenez tôt, le prix peut rester identique dans certains établissements.
Nous avons sélectionné de préférence des hôtels avec des chambres familiales mais, dans certains cas, il vous faudra prendre 2 chambres. Nous avons indiqué (2) pour vous signaler que le budget est basé sur 2 chambres.
€ ou € (2) = moins de 130 €
€€ ou €€ (2) = entre 131 € et 200 €
€€€ ou €€€ (2) = entre 201 € et 300 €
€€€€ ou €€€€ (2) = plus de 300 €

LOCATIONS D'APPARTEMENTS

Louer un appartement plutôt que séjourner à l'hôtel peut s'avérer une solution économique et très pratique, notamment avec des enfants en bas âge ou si vous êtes nombreux.
Plusieurs agences internationales servent de centrale de réservation entre particuliers comme : homelidays.com, airbnb.fr, interhome.com, waytostay.com, friendlyrentals.com.
Il existe aussi des compagnies locales telles que cocoonbarcelona.com, dailyflats.com, barcelonastuff.com.

Légende des symboles

- Wifi gratuit dans les chambres
- restaurant sur place
- kitchenette et/ou four à micro-ondes
- piscine

BARRI GÒTIC ET RAVAL

CARTE P. 28 ▪ 29

Vous voici au cœur du centre historique et touristique de Barcelone. Pensions, hôtels design, écolos ou classiques, le choix est vaste ! Le principal avantage, c'est que vous pourrez presque tout faire à pied : pratique avec des enfants, surtout quand les journées sont entrecoupées par la sieste ! En revanche, ceux qui n'apprécient guère les bains de foule devront s'orienter vers un autre quartier, au risque de complètement saturer à force de traverser 10 fois par jour la Rambla.

Hostal Fernando

Carrer Ferran, 31
M Liceu (3 min)
933 017 993 • hfernando.com
Đ • 48 ch. •

Située dans une rue commerçante très animée, cette pension conviendra aux petits budgets. Toutes les chambres quadruples ont des lits individuels et une salle de bains privée. Cependant, il existe une partie auberge de jeunesse dans le même bâtiment, principalement fréquentée par des groupes de jeunes venus faire la fête à Barcelone… Vous ne serez donc pas à l'abri de quelques nuisances sonores.

Hotel Condestable

Ronda de la Universitat, 1
M Universitat (1 min)
933 186 268 • hotelcondestable.com
Đ • 84 ch. •

Pour les petits budgets, un hôtel simple et bien situé à deux pas de la Plaça de Catalunya et des Ramblas. Les chambres quadruples disposent de quatre lits individuels en enfilade, offrant un confort basique. Pour quelques euros de plus, nous vous conseillons d'opter plutôt pour une chambre quadruple séparée en 2 espaces, avec 2 salles de bains, beaucoup plus agréable ! Autre option : les chambres doubles communicantes.

Cuatro Naciones

La Rambla, 40
M Liceu, Drassanes (2 min)
933 173 624 • h4n.com
ĐĐ • 54 ch. •

Voici l'hôtel le plus ancien de la ville, visité en son temps par Stendhal, Chopin et George Sand. Malgré une décoration un peu vieillotte, le charme persiste, en particulier dans le grand salon qui s'ouvre sur les Ramblas. Vous aurez 2 options de chambres familiales : l'une disposant de 4 lits individuels et d'une terrasse privée, l'autre offrant l'avantage d'avoir 2 espaces distincts.

Hostería Grau

Carrer Ramelleres, 27
M Catalunya (3 min)
933 018 135 • hostalgrau.com
ĐĐ • 26 ch. •

Petite pension située au cœur du Raval, à deux pas d'une jolie place avec cafés en terrasse et aires de jeux pour enfants. Rénové au cours de l'hiver 2012-2013, cet établissement mise désormais sur le développement durable (ils ont même obtenu un certificat de respect environnemental). Vous y trouverez des chambres familiales coquettes et écolos. Accueil très chaleureux et sensible aux attentes des familles. Ils pourront notamment gérer la location de poussettes et vous trouver une baby-sitter si nécessaire.

Sant Agustí

Plaça Sant Agustí, 3
Liceu (1 min)
933 181 658
hotelsantagustibarcelona.com
ÐÐ • 77 ch. •

Situé à quelques pas des Ramblas, cet hôtel est installé dans un ancien couvent qui donne sur une jolie place. Il propose des chambres quadruples avec quatre lits individuels, mais nous vous conseillons plutôt d'opter pour les chambres familiales avec 2 espaces indépendants et 2 salles de bains. Très jolies chambres triples sous les toits, avec possibilité d'ajouter un berceau.

Chic and Basic Ramblas

Pasaje Gutenberg, 7
Drassanes (1 min)
933 027 111 • chicandbasic.com
ÐÐÐ (2) • 97 ch. et 10 appart.

Situé à côté des Ramblas, dans une petite rue (assez difficile à trouver), cet établissement occupe un ancien appart-hôtel construit dans les années 1970. Amoureux du design et de l'esprit décalé, cet endroit est fait pour vous ! La déco s'inspire du tourisme de masse des années 1960, en témoignent la petite Fiat verte qui trône au milieu du hall et le comptoir de réception conçu avec de vieilles valises. Point fort : dans les chambres doubles et triples, une kitchenette est à disposition (cachée derrière un rideau). Quant aux familles nombreuses, elles pourront opter pour les appartements plus spacieux, situés à l'intérieur même du bâtiment. Idéale pour vos moments de pause détente, la jolie cafétéria avec terrasse du rez-de-chaussée donne sur une petite place.

Petit Palace Boquería

Carrer La Boquería, 12
Liceu (1 min)
933 020 753
petitpalaceboqueria.barcelonahotels.it
ÐÐÐ • 40 ch. et 6 appart. •

Situé à deux pas des Ramblas, cet hôtel occupe un ancien palais du XIXe siècle avec jardin intérieur. Le charme des vieilles pierres et la décoration contemporaine composent une atmosphère réussie. L'hôtel dispose de chambres familiales modernes avec un lit double et 2 lits individuels ou superposés. Un peu plus chères, les Junior suites valent vraiment la différence de prix. Il s'agit en fait d'un grand duplex avec des plafonds anciens, une cuisine entièrement équipée et 2 salles de bains. Les appartements, situés dans un bâtiment annexe, ont l'inconvénient de ne pas être accessibles par ascenseur donc pas très pratiques avec des enfants et des valises. Prêt de vélos et de poussettes.

Royal Ramblas

La Rambla, 117
Catalunya (1 min)
933 019 400 • royalramblashotel.com
ÐÐÐ • 119 ch. •

Logé dans un bâtiment sans charme des Ramblas, cet hôtel s'est offert un superbe lifting en 2012 en rénovant sa décoration. À présent, un esprit chic et urbain règne dans ses différents espaces. Les chambres familiales disposent d'un lit double et d'un canapé-lit double, mais seulement certaines sont séparées en deux espaces (il faudra le préciser lors de la réservation). Si vous avez peur d'être à l'étroit dans ces chambres de 25 m², optez pour les suites (40 m²) ou les chambres doubles communicantes.

Casa Camper

Carrer Elisabets, 11
M Catalunya (4 min)
933 426 280 • casacamper.com
ÐÐÐ • 25 ch. •

Imaginé par la célèbre marque de chaussures Camper, cet hôtel design mise sur le luxe discret et le respect de l'environnement. Le rouge écarlate y règne en maître procurant un cadre chaleureux. Les suites sont séparées en deux espaces distincts : d'un côté la chambre avec un lit double, de l'autre un espace de vie avec canapé-lit (pour 1 enfant) et un hamac. Possibilité d'ajouter un lit supplémentaire pour un deuxième enfant. Donnant sur un beau jardin vertical, ces suites écolos assurent de l'intimité aux parents et de l'espace aux enfants. Ces 5 suites ne sont pas réservables en ligne pour une famille de 4 (seulement pour 3). Il faut donc contacter l'hôtel en direct pour faire votre réservation. Autre possibilité si vous n'êtes que 3 : les Camper king dotées d'une chambre avec vue sur le jardin intérieur et, de l'autre côté du couloir, un salon avec vue sur la rue, équipé d'un canapé-lit et d'un hamac. Coup de cœur pour la zone snack ouverte 24h/24 qui offre gratuitement salades, soupes, yaourts et jus de fruits, le tout bio et à volonté.

Silken Ramblas

Carrer Pintor Fortuny, 13
M Catalunya, Liceu (2 min)
933 426 180 • hoteles-silken.com
ÐÐÐÐ • 105 ch. •

Situé juste à côté des Ramblas, cet hôtel moderne assure un accueil professionnel et des prestations de qualité. Les chambres sont décorées dans un esprit contemporain et fonctionnel, avec des tons neutres de beige, gris et chocolat. Il propose des chambres familiales de 35 m² avec lit double et canapé-lit séparés par une porte, une suite de 40 m² avec terrasse ou des chambres communicantes. Sur le toit, grande terrasse avec une piscine peu profonde (parfaite pour les enfants) et jolie vue sur la ville.

BORN ET RIBERA

CARTE P. 36 ■ 37

Proche du Barri Gòtic, du port et du littoral, le quartier du Born offre un emplacement optimal pour explorer le centre-ville à pied et profiter de la plage. Ce quartier branché est truffé de restaurants à la mode, de boutiques de créateurs et de galeries d'art. Avec des enfants, la proximité du Parc de la Ciutadella est également un gros avantage. Ceci étant, il convient de s'y prendre à l'avance pour réserver car le choix d'hôtels y est un peu limité.

Chic and Basic Born

Carrer Princesa, 50
M Jaume I (6 min)
932 954 652 • chicandbasic.com
Ð • 31 ch. et 8 appart. •

Petit hôtel situé dans un beau bâtiment du XIXe siècle et décoré dans un esprit avant-gardiste. Super en couple, mais ingérable avec de jeunes enfants (sols dénivelés, aucune intimité dans la douche). En revanche, à seulement 2 min à pied, l'hôtel dispose d'un immeuble d'appartements qui donne sur une rue sympa, bien qu'un peu bruyante. Les appartements pour 4 disposent d'une grande chambre double et d'une chambre avec des lits individuels. La déco Ikea n'a rien à voir avec celle de l'hôtel, mais les appartements ont le mérite d'être spacieux, bien équipés et bien situés.

Ciutat de Barcelona

Carrer Princesa, 33
M Jaume I (3 min)
932 697 475 • ciutathotels.com
ĐĐ • 78 ch. •

Situé au cœur du Born, dans une rue animée mais parfois un peu bruyante, cet hôtel au style urbain et moderne dispose de plusieurs chambres doubles communicantes. La vue sur le patio n'est pas très attrayante, mais c'est le prix à payer pour profiter du calme en plein centre historique. Le vrai plus : sur le toit, un solarium avec des chaises longues pour faire bronzette pendant que vos petits barbotent dans la piscine.

K+K Hotel Picasso

Passeig de Picasso, 26-30
M Jaume I (7 min), Barceloneta (9 min)
935 478 600 • kkhotels.com
ĐĐĐ • 92 ch. •

Inauguré en 2012, cet hôtel offre un excellent emplacement face au Parc de la Ciutadella, à 15 min à pied du Port olympique et des plages. Logé dans un bâtiment classique et décoré dans un style contemporain, l'hôtel dispose de 5 suites pouvant accueillir des familles dans 1 lit double et 1 canapé-lit séparés par une porte. Jolie terrasse avec piscine sur le toit.

Grand Hotel Central

Via Laietana, 30
M Jaume I (1 min)
932 957 900 • grandhotelcentral.com
ĐĐĐĐ • 147 ch. •

Splendide hôtel qui se dresse sur la Via Laetana, grande avenue qui sépare le Barri Gòtic et le Born, offrant un emplacement idéal pour explorer le centre-ville à pied. Classique, élégant et infiniment luxueux, cet hôtel se distingue par son impressionnante piscine à débordement avec vue panoramique sur les toits de la ville. Les familles pourront y séjourner en optant pour une suite de 50 m^2 avec 1 lit double et 1 canapé-lit séparés par une porte. Il existe également des chambres doubles communicantes, mais la note risque d'être nettement plus salée.

EIXAMPLE ET GRÀCIA

CARTE P. 44 ■ 45

Hôtels de luxe, pensions de charme ou appartements design, c'est dans l'Eixample que se concentre l'offre la plus variée. Ses larges avenues, ses bâtiments élégants et ses trésors modernistes constituent un cadre très agréable pour un séjour en famille. Et pour les esprits bohèmes, préférez l'atmosphère de Gràcia. Cette option vous plongera dans la vie locale tout en restant proche des visites et des centres d'intérêt.

Hostal Express

Riera de Sant Miquel, 74
M Fontana (7 min), FGC Gràcia (2 min)
932 389 307 • hostalexpress.com
Đ • 29 ch. •

Situé dans une petite rue tranquille, cet établissement *low cost* nouvelle génération propose un style élégant et minimaliste à prix très serrés (c'est l'hôtel le moins cher de notre sélection). Malgré son nom d'*hostal* qui pourrait laisser penser à une auberge de jeunesse ou une simple pension, on est dans un hôtel très design où le blanc et les parquets de bois clair prédominent. Il dispose de 4 chambres quadruples constituées de 1 lit double et de 2 lits individuels, divisés en 2 espaces. L'ensemble est simple, contemporain et impeccable. En revanche, vous aurez peu de place de rangement et aucun service sur place : ni petit déjeuner, ni réception. À oublier, donc, si vous avez impérativement besoin d'un micro-ondes pour réchauffer le biberon de votre bout de chou. Sinon, c'est vraiment une bonne option pas chère pour un séjour en famille.

Apartamentos Passeig de Gràcia 115

Passeig de Gràcia, 115
Ⓜ Diagonal (3 min)
936 115 115 • passeigdegracia115.com
Ð • 7 appart. •

Des appartements contemporains situés aux portes du quartier de Gràcia, dans un joli bâtiment datant de 1901. Les cuisines ne sont plus de première jeunesse, mais l'ensemble est impeccable et très bien décoré. Coup de cœur pour le Terrace Apartment, doté de 2 chambres et de 1 terrasse meublée donnant sur un ancien couvent. Bureau de réception à l'intérieur du bâtiment.

Aparthotel Silver

Carrer Breton de los Herreros, 26
Ⓜ Fontana (1 min)
932 189 100 • hotelsilver.com
Ð • 49 ch. •

Très commode pour les familles, cet appart-hôtel propose des chambres contemporaines dotées d'une petite cuisine. Vous pourrez opter pour des chambres doubles communicantes ou des suites. Ces dernières ont l'avantage d'offrir une grande terrasse, en revanche elles procurent moins d'intimité car il n'y a aucune porte de séparation entre le lit double et le canapé-lit. L'option des chambres communicantes est plus confortable avec de grands enfants. Service de petit déjeuner et petit jardin aménagé.

Apartments Sixtyfour

Passeig de Gràcia, 64
Ⓜ Passeig de Gràcia (1 min)
648 182 597 • sixtyfourapartments.com
ÐÐ • 19 appart. •

Situés dans un bel immeuble du Passeig de Gràcia, ces appartements offrent un emplacement optimum pour visiter la ville. Spacieux, calmes et entièrement équipés, ils sont décorés avec beaucoup de goût dans un esprit contemporain. Pour le même prix, demandez un appartement avec terrasse (uniquement par mail ou téléphone et sous réserve de disponibilité). Notre appartement préféré est l'Atico, doté de 2 chambres et dont la terrasse donne sur le Passeig de Gràcia. Service sur demande de baby-sitting et de livraison de paniers-repas.

Gallery Hotel

Carrer Rosselló, 249
Ⓜ Diagonal (2 min)
934 159 911 • galleryhotel.com
ÐÐ • 110 ch. •

Bel hôtel situé à deux pas de la Pedrera et du Passeig de Gràcia. Les chambres communicantes sont formées par 2 chambres doubles reliées par un couloir privé extérieur. Vous aurez également la possibilité de séjourner dans des chambres Deluxe, constituées de 1 chambre double et de 1 salon avec canapé-lit double (possibilité de fermer la porte). Nous vous conseillons cette dernière option, plus rentable, qui permet de profiter d'une belle chambre très spacieuse, donnant sur un patio calme. Piscine sur le toit et vaste terrasse pour prendre le petit déjeuner. Poussettes et chaises hautes disponibles sur demande.

Europark

Carrer Aragó, 323
M Girona (3 min)
934 579 205 • hoteleuropark.com
ÐÐ (2) • 105 ch. •

Dans un bâtiment moderne qui donne sur une grande avenue, cet hôtel propose de très belles chambres doubles communicantes. Les chambres du rez-de-chaussée ont une terrasse privée tandis que les autres ont des balcons (excepté les chambres situées au 1er étage). Calme, confortable et pratique pour les familles, cet établissement n'est malheureusement pas très "kids friendly" étant donné que sa clientèle est principalement constituée d'hommes d'affaires. À éviter donc si vos loustics sont plutôt turbulents ! Petite piscine sur le toit.

Bonavista Apartments

Carrer Bonavista, 4
M Diagonal (3 min)
935 181 263
bonavista-apartments.com
ÐÐ • 10 appart. •

Situés dans une charmante petite rue remplie de boutiques, à deux pas du Passeig de Gràcia, ces appartements se trouvent dans un joli bâtiment. Tous les appartements peuvent accueillir un minimum de 4 personnes dans 1 chambre avec 1 canapé-lit ou dans 2 chambres. Nous vous conseillons l'appartement Premium, en rez-de-chaussée, qui s'ouvre sur une grande terrasse de 50 m² où vos bambins pourront jouer à leur guise. Doté de 2 chambres, il est beaucoup plus spacieux que les autres appartements, et pas beaucoup plus cher. Poussettes, berceaux, chaises hautes et baignoires pour bébés disponibles gratuitement sur demande.

Hostal Khronos

Carrer Mallorca, 285
M Diagonal, Verdaguer (5 min)
935 308 735 • hostalkhronos.com
ÐÐ • 9 ch. •

Située au 1er étage d'un immeuble bourgeois, cette pension dispose de chambres quadruples avec 2 lits doubles (un peu étroits) et 1 lit individuel en plus, de quoi loger à 5 si nécessaire. La décoration, simple et contemporaine, mise sur un esprit minimaliste. Un mauvais point cependant à signaler : la minuscule salle de bains ! Petit déjeuner sommaire à prendre en salle ou sur l'agréable terrasse aménagée, où vos petits pourront allègrement jouer et courir.

Petit Palace Museum

Carrer Diputació, 250
M Passeig de Gràcia (3 min)
933 040 087 • hthoteles.com
ÐÐ • 61 ch. •

Très bel hôtel à la décoration design situé dans un bâtiment ancien, à deux pas de la Rambla de Catalunya. Vous pourrez opter pour des chambres familiales avec 1 lit double et des lits superposés escamotables (chacun avec sa petite télévision !) qui donnent sur un joli patio très lumineux. Autre option, les Junior suites, qui ont en plus un magnifique jacuzzi. Il existe également des chambres communicantes pour ceux qui préfèrent avoir un peu plus d'intimité. En résumé, un hôtel qui s'adapte à tous vos besoins. Vélos et poussettes à disposition. De charmantes petites attentions sont réservées aux enfants comme des peluches à l'arrivée. Le petit déjeuner est offert aux moins de 12 ans.

Hostal Goya

Carrer Pau Claris, 74
M Urquinaona (3 min), Catalunya (5 min)
933 022 565 • hostalgoya.com
ÐÐ (2) • 19 ch. et 1 appart. •

Charmante pension qui occupe 2 étages d'un immeuble bourgeois. Les chambres ne sont pas communicantes, mais ce n'est pas vraiment dérangeant dans ce type d'établissement, vu sa petite taille. Vous pourrez opter pour des chambres doubles et triples à la décoration classique et très cocoon. La pension dispose également d'un grand appartement avec terrasse, dans le même bâtiment, décoré avec beaucoup de goût. Très spacieux (90 m²), il est doté de 2 chambres et de 2 salles de bains. Notez que cet établissement ne propose pas de service de petit déjeuner, mais les bonnes adresses ne manquent pas dans le coin.

Hostal l'Antic Espai

Gran Via de les Corts Catalanes, 660
M Passeig de Gràcia (5 min), Urquinaona (5 min)
933 041 945 • anticespai.com
ÐÐÐ (2) • 10 ch. •

Située dans un bel immeuble qui aurait besoin d'un ravalement de façade, cette pension propose des chambres doubles et triples décorées à l'ancienne (tendance rococo). La seule option pour les familles avec 2 enfants est de demander 2 chambres l'une à côté de l'autre, ce qui n'est pas vraiment dérangeant car on s'y sent comme dans un appartement. Quelques chambres ont accès à une jolie terrasse commune où vos bambins pourront jouer à leur guise. En revanche, cette option vous oblige à fermer vos rideaux en permanence à cause du vis-à-vis.

Majestic Hotel & Spa

Passeig de Gràcia, 68
M Passeig de Gràcia (1 min)
934 881 717 • hotelmajestic.es
ÐÐÐÐ • 275 ch. et 28 appart.

Ce grand hôtel de luxe, logé dans un beau bâtiment de style néoclassique, dispose de plusieurs chambres communicantes ainsi que des Junior suites avec canapé-lit. Pour le prix d'une Junior suite, vous pourrez vous offrir un appartement entièrement équipé dans un immeuble situé juste en face, tout en profitant des services de l'hôtel et en particulier de sa somptueuse terrasse avec piscine sur le toit.

Murmuri Barcelona

Rambla de Catalunya, 104
M Diagonal (1 min)
935 500 600 • murmuri.com
ÐÐ • 22 ch. et 5 appart. •

Situé sur une élégante avenue commerçante, ce boutique-hôtel mise sur une ambiance intime et une décoration exquise dans des camaïeux de beige, crème, taupe et marron. Il propose plusieurs chambres communicantes ainsi que des appartements luxueux à quelques pas de l'hôtel, dans une petite rue pleine de charme. Excellent restaurant de cuisine méditerranéenne au rez-de-chaussée. Wifi gratuit dans la chambre si vous réservez en ligne.

Petit Palace

Carrer Roger de Llúria, 21
M Passeig de Gràcia, Urquinaona (5 min)
933 024 717 • hthoteles.com
ÐÐÐÐ • 50 ch. •

Situé à 5 min à pied de la Plaça de Catalunya, cet hôtel contemporain dispose de chambres familiales constituées de 1 lit double et de 2 lits superposés escamotables, séparés par un rideau. Les chambres au rez-de-chaussée, avec canapé-lit, ont l'avantage d'être plus spacieuses et plus calmes. Couloirs obscurs, salle de petit déjeuner sans fenêtres, mais vous apprécierez le confort des chambres et les nombreux services gratuits (prêt de vélos et poussettes).

MONTJUIC

CARTE P. 88 ■ 89

Ce coin de Barcelone est en pleine mutation, notamment aux alentours du marché de Sant Antoni, transformant cette zone populaire en quartier ultra branché. Petit à petit, les hôtels s'y installent. Petit bémol : comme dans beaucoup de quartiers "en devenir", vous n'êtes pas à l'abri de tomber sur une rue glauque au détour d'une rue sympa.

Hotel Market

Passatge de Sant Antoni Abad, 10
M Sant Antoni (4 min)
933 251 205 • markethotel.com
ÐÐ (2) • 58 ch. •

Petits prix pour ce ravissant boutique-hôtel situé dans la zone de Sant Antoni. Au choix : chambres communicantes ou Junior suites, avec terrasse, pouvant accueillir 3 personnes. Décoration épurée aux accents orientaux, splendide salle de petit déjeuner (avec des sucettes en chocolat pour les petits gourmands) et un superbe bar-restaurant très tendance.

PORT ET LITTORAL

CARTE P. 60 ■ 61

La zone du littoral est vaste, il faudra donc bien faire votre choix en fonction du type de séjour que vous souhaitez passer à Barcelone. Les hôtels des quartiers de Vila Olímpica et Poblenou s'adressent plutôt à ceux qui veulent principalement profiter de la plage, car ils sont un peu éloignés des sites touristiques. En revanche, si vous optez pour un hôtel dans la zone du Port Vell ou du quartier de la Barceloneta, vous pourrez très facilement allier visites et plage lors de votre séjour.

Mar Bella Apartments

Passatge Piquer, 2-6
M Poblenou (5 min)
935 184 188 • barcelonastuff.com
Ð • 9 appart. •

Implantés dans un coin sans charme du quartier de Poblenou, ces appartements ont néanmoins l'avantage d'être à 5 min à pied de la plage. Équipements modernes, ensemble spacieux et très fonctionnel, c'est l'un des établissements les moins chers de notre sélection.

Une bonne option pour les budgets restreints qui veulent profiter des joies de la baignade. Ces appartements sont gérés par l'agence immobilière Barcelonastuff qui possède d'autres appartements (p. 122). Réservation minimum de 3 nuits avec forfait ménage inclus.

Hotel Icària Barcelona

Avinguda d'Icària, 195
M Bogatell, Ciutadella Vila Olímpica (10 min)
932 218 200 • hotelicariabarcelona.com
ĐĐ • 180 ch.

Assez loin du métro, cet hôtel moderne est pourtant une bonne option pour ceux qui souhaitent profiter de la plage (à 5 min à pied). Les chambres familiales sont constituées d'un coin chambre avec lit double et d'un coin salon avec deux lits escamotables. Au pied du bâtiment, la grande piscine est idéale pour les enfants qui pourront courir et faire des ploufs sans gêner les autres clients. Poussettes à disposition.

H10 Marina Barcelona

Av. Bogatell, 64-68
M Bogatell (5 min)
933 097 917
hotelh10marinabarcelona.com
ĐĐ • 235 ch.

Grand hôtel moderne situé dans un coin sans âme mais qui a l'avantage, très appréciable, d'être à moins de 10 min à pied de la plage et du parc de la Ciutadella. Les suites, lumineuses et confortables, sont aménagées avec un lit double et un canapé-lit (pas de porte de séparation entre les 2 espaces). Le must ? Une grande piscine sur le toit au 8e étage avec une vue exceptionnelle sur tout le littoral. Bar, restaurant et spa sont également à la disposition des clients.

Hotel Duquesa de Cardona

Passeig de Colom, 12
M Barceloneta (6 min)
932 689 090 • hduquesadecardona.com
ĐĐĐĐ • 40 ch.

Situé dans un bel édifice ancien, face au vieux port de Barcelone, cet hôtel de luxe propose 4 Family junior suites de 48 m^2 composées de 1 grand lit double, de 1 canapé-lit et de 2 salles de bains. Décorées dans un style contemporain et très raffiné, ces chambres donnent sur un pâté de maisons très calme. Autre option : des chambres communicantes. Belle terrasse avec piscine et jolie vue sur le port.

DES HÔTELS POUR FAIRE DES SPLASHS

Après une journée de visites, que diriez-vous d'emmener votre couvée s'ébattre dans l'eau ? N'oubliez pas vos maillots de bain dans la valise !

Voici les hôtels dotés d'une piscine :

- Silken Ramblas p. 125
- Ciutat de Barcelona p. 126
- K+K hotel Picasso p. 126
- Grand Hotel Central p. 126
- Gallery hotel p. 127
- Europark p. 128
- Majestic p. 129
- H10 Marina Barcelona p. 131
- Icaria Barcelona p. 131
- Duquesa de Cardona p. 131

BRUXELLES

83

Parc Royal
N
NW
NE
W
E
SW
SE
S

On fait comment

Pages réservées aux adultes !

Elles ne sont pas interdites à nos plus jeunes lecteurs mais, soyons honnête, cela risque de leur sembler plutôt ennuyeux. L'organisation étant la base d'un séjour réussi, voici des informations pratiques pour faire de votre voyage en famille à Barcelone un succès !

FORMALITÉS D'ENTRÉE

Les ressortissants de la Communauté européenne et les Suisses n'ont pas besoin de visa, mais ils doivent être en possession d'une carte d'identité ou d'un passeport en cours de validité.

À noter : si l'enfant est mineur et voyage sans ses parents, il lui faudra une carte d'identité ou un passeport à son nom.

ARRIVÉE

EN AVION

L'aéroport de Barcelona-El Prat est situé à 16 km du centre-ville. Il abrite deux terminaux (T1 et T2) reliés entre eux 24h/24 par un service gratuit de navette. La plupart des grandes compagnies aériennes opèrent depuis le terminal T1 (Vueling, Iberia, Air France) et les compagnies *low cost* occupent le terminal T2 (Ryanair, Easyjet).

Attention, certaines compagnies *low cost* annoncent Barcelone comme destination alors qu'elles atterrissent à Gerone à 100 km de Barcelone.

Pour rejoindre Barcelone, vous aurez le choix entre le train, le bus ou le taxi. Quelle que soit l'option choisie, il faut compter en moyenne 30 min de trajet pour rejoindre le centre-ville.

• **EN TRAIN** • Une bonne option si vous arrivez par le terminal T2 car c'est ici que se trouve la gare. En revanche, si vous arrivez par le terminal T1, vous devrez prendre la navette jusqu'au T2 pour accéder à la gare (comptez 5 min de trajet). La ligne de train R2 relie l'aéroport et le centre-ville avec des arrêts à Barcelona-Sants (20 min) et Passeig de Gràcia (25 min). Toutes les 30 min de 5h42 à 23h38. Tarif : 2,35 €, (- 4 ans gratuit). Renfe.com

• **EN AEROBUS** • Ce service de bus relie l'aéroport et le centre-ville en 20 min environ avec des arrêts à Plaça d'Espanya et Plaça de Catalunya. C'est l'option la plus pratique et la plus rapide pour rejoindre le centre-ville, quel que soit votre terminal d'arrivée.

Depuis le T1, toutes les 5-10 min de 6h10 à 1h05. Depuis le T2, toutes les 10-20 min de 6h à 1h. Tarif 5,75 € le trajet, gratuit - 4 ans. Aerobusbcn.com

• **BUS** • La ligne 46 relie l'aéroport (T1 et T2) et la Plaça d'Espanya. C'est l'option la moins chère mais aussi la plus longue à cause des nombreux arrêts effectués sur la ligne (environ 30-40 min). Toutes les 30 min de 5h30 à 0h45. 2 € le ticket à l'unité, 9,80 € la carte T10 (- 4 ans gratuit). tmb.cat

Bon à savoir : au lieu d'acheter vos tickets à l'unité, achetez directement une carte T10 valable pour 10 trajets, qui vous servira pour tous vos déplacements dans Barcelone.

• **EN TAXI** • Il faut compter en moyenne 30 € pour rejoindre le centre-ville de Barcelone (20 min de trajet).

EN TRAIN

Le train-hôtel **Elipsos Joan Miró** relie Paris et Barcelone de nuit. Le départ s'effectue depuis la gare d'Austerlitz vers 22h, et vous arrivez le lendemain vers 9h30 à la gare Barcelona-Estació de França. Vous aurez la possibilité de réserver une cabine familiale avec 4 lits superposés ou une cabine double familiale pour 2 adultes et 1 enfant. Renseignements et achat des billets sur elipsos.com.

En **TGV**, le trajet entre Barcelona-Sants et Paris-Gare de Lyon dure environ 7h30 avec des arrêts à Perpignan, Narbonne, Montpellier et Nîmes. Des travaux en cours de réalisation devraient réduire la durée du trajet à 6h. Renseignements et achat des billets sur voyages-sncf.com

EN VOITURE

Barcelone est rapidement accessible depuis le sud de la France : environ 4h depuis Montpellier ou Toulouse, et 5h depuis Marseille. En revanche, depuis Paris, le trajet risque d'être vraiment trop long pour vos petits (10h environ) et la note plutôt salée (près de 200 € entre les péages et l'essence).

TRANSPORTS

L'ensemble du réseau de bus et de métro est regroupé sous le nom **TMB**. Chaque titre de transport est valable sur l'ensemble du réseau, les trams et les lignes urbaines des trains **FGC**. Les enfants âgés de moins de 4 ans voyagent gratuitement sur tout le réseau. Au-delà de cet âge, il n'existe aucune réduction pour les jeunes voyageurs.

La **carte T10** permet d'effectuer 10 trajets pour un montant de 9,80 €. Pratique si vous comptez voyager peu ou rester principalement dans le centre. Les correspondances sont gratuites pendant 1h15 après la validation du titre de transport. Toute la famille peut utiliser la même carte.

Vous pourrez également opter pour une carte de transport illimité pendant 24h, 48h, 72h, etc. (à partir de 7,25 € pour 1 jour et jusqu'à 29 € pour 5 jours).

Le métro

Le métro de Barcelone est moderne, climatisé et facile à utiliser. Les 8 lignes qui quadrillent le centre-ville sont identifiables par une couleur et un numéro. Le métro fonctionne tous les jours de 5h à 0h, le vendredi jusqu'à 2h et le samedi toute la nuit. Les passages sont fréquents, en général toutes les 2-3 min. Seules quelques stations disposent de guichets d'information. Dans la plupart des cas, vous devrez acheter vos tickets directement dans les distributeurs automatiques (multilingues). Plus d'infos sur **tmb.cat**

Les bus

De nombreux bus parcourent la ville jour et nuit, mais leur utilisation est parfois un peu complexe pour les touristes, principalement en raison de l'absence d'un affichage complet des stations à l'intérieur de certains bus. En revanche, pour accéder à des zones mal

desservies par le métro, le bus demeure une excellente option. C'est notamment le cas de la ligne 150 qui sillonne le parc de Montjuïc ou le Tibibus qui permet de rejoindre le sommet du Tibidabo.
Quelques règles sont à observer. La montée se fait à l'avant et la descente à l'arrière du véhicule. Les bus ne s'arrêtent pas à chaque arrêt, vous devez le signaler en levant la main. Même principe pour la descente, l'arrêt ne se fait que sur demande.

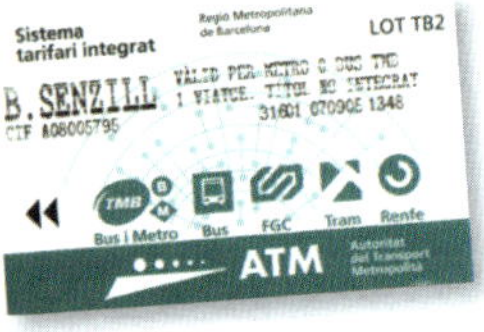

À l'exception du Tibibus qui relie la Plaça de Catalunya au Tibidabo, les tickets de bus sont les mêmes que ceux utilisés pour le métro. L'achat du ticket se fait directement auprès du chauffeur. Plus d'infos sur tmb.cat.

Les trains FGC

Ferrocarrils de la Generalitat de Catalunya (**FGC**) est un réseau de trains régionaux et de banlieue qui peut s'avérer utile pour rejoindre rapidement les hauteurs de la ville (L6 et L7) et surtout pour se rendre à Montserrat (ligne R5, au départ de Plaça d'Espanya). Plus d'infos sur **fgc.cat**.

Les trains Cercanías

Ce réseau de trains permet de rejoindre directement l'aéroport de Barcelone ainsi que la station balnéaire de Sitges, au départ des gares de Passeig de Gràcia et Sants (achat des billets aux guichets des gares). Informations et horaires sur **renfe.com**

Les taxis

Tous les véhicules affichent le même look facilement identifiable : couleur noire et bande jaune sur les deux côtés. Vous pouvez l'appeler dans la rue, le prendre à une station de taxis ou le réserver par téléphone. La lumière verte indique qu'il est libre, rouge qu'il est occupé. Radio Taxi Barcelona 932 250 000, radiotaxibcn.org.

VÉLO

Barcelone compte 180 km de pistes cyclables. Circuler à vélo est donc tout à fait envisageable, d'autant que le centre de Barcelone est relativement plat. C'est surtout une excellente option pour explorer la façade maritime, bordée de plusieurs kilomètres de pistes cyclables qui longent la mer, le vieux port et le Port olympique.

L'office de tourisme collabore avec un réseau de 7 agences de location. Les points de location sont répartis dans les principaux coins touristiques de la ville. Il faut compter 15 € par jour pour un vélo avec casque. La plupart de ces agences disposent de vélos pour enfant, notamment **Barcelona Rent A Bike** (barcelonarentabike.com, 14 €/jour). On peut aussi louer des sièges porte-bébé et des vélos électriques. Renseignements et réservation sur **bcnshop.barcelonaturisme.com**

INFOS TOURISTIQUES

Musées

La plupart des musées ferment le lundi et sont payants, sauf certains qui sont gratuits le 1er dimanche du mois. La visite est gratuite pour les moins de 14 ou 16 ans dans les musées gérés par la municipalité (Museu Picasso, MNAC, Fundació Joan Miró, Museu Frederic Marès, Museu d'Història de la Ciutat de Barcelona, etc.). Si vous prévoyez de faire de nombreuses visites la formule **Articket BCN** (articketbcn.org) peut être intéressante pour les adultes. Elle permet en effet d'accéder à 6 musées et centres d'art au prix de 30 € au lieu de 55 €. Sont inclus : la Fundació Joan Miró, le Centre de culture contemporaine CCCB, la Fundació Antoni Tàpies, le MNAC, le MACBA et le Museu Picasso.
Renseignements sur articketbcn.org.
10 % de réduction en achetant en ligne sur **bcnshop.barcelonaturisme.com**

Bus touristiques

Les bus touristiques suivent 3 itinéraires (bleu, rouge, vert) et effectuent un total de 44 arrêts. Ils circulent tous les jours de 9h à 19h (20h en été), avec une fréquence de 5 à 25 min en fonction de la saison. Le ticket permet d'accéder aux 3 itinéraires et de monter et descendre sans restrictions. Vous bénéficierez aussi de réductions sur certaines visites et restaurants.
Tickets 1 ou 2 jours : adulte 26/34 €, enfant (4-12 ans) 15/19 €.
barcelonabusturistic.cat

Barcelona Card

Cette carte touristique offre de multiples avantages comme l'accès illimité aux transports publics de Barcelone, l'entrée gratuite dans plusieurs musées et des réductions pour diverses activités (location de vélos, spectacles de flamenco, zoo, aquarium, etc.). La carte pour 2 jours coûte 37 € pour les adultes et 26 € pour les 4-12 ans. Il existe également des formules pour 3, 4 et 5 jours. Mais attention, il faut faire beaucoup de visites dans la même journée pour la rentabiliser.
Nous vous conseillons de l'acheter sur le site Web de l'office de tourisme de Barcelone pour bénéficier d'une réduction de 10 %. Renseignements et achat de la carte sur
bcnshop.barcelonaturisme.com

Visites guidées

L'agence **Ma Barcelone**, gérée par deux Françaises (mabarcelone.com), propose des visites guidées en petits groupes ou sur mesure. Visites culturelles, itinéraires gastronomiques ou promenades à vélo, les options sont nombreuses.

Office de tourisme

Plaça de Catalunya, 17 (au sous-sol)
932 853 834 • Tlj 8h30-20h30

Sites Internet

barcelonaturisme.com
bcn.cat
spain.info

VIE PRATIQUE

Appareils électriques

Le voltage est 220 V, pas besoin de vous encombrer d'un adaptateur.

Baby-sitting

Le réseau des Français à Barcelone, **bcnclub.net**, met en contact parents et baby-sitters francophones par e-mail.

Il existe aussi des agences spécialisées (en anglais) dont tlcanguroscom et bestaupairbarcelona.com.

Banques

Les banques sont habituellement ouvertes du lundi au vendredi de 8h30 à 14h, et le jeudi entre octobre et avril de 16h30 à 19h30. Vous trouverez des distributeurs automatiques sans aucun problème. Pensez à noter avant de partir le numéro de téléphone à contacter pour faire opposition en cas de perte ou de vol de votre carte bancaire.

Monnaie

Rien de neuf sous le soleil, l'Espagne utilise l'euro comme ses voisins !

Pourboire

Comme en France, le service est inclus dans l'addition. Cependant, il est d'usage de laisser un pourboire d'environ 5 à 10 % de la note.

SANTÉ

Il existe des pharmacies de garde dans tous les quartiers. Sur la devanture de chaque pharmacie, vous trouverez la liste des établissements ouverts 24h/24 les plus proches. La liste est également consultable sur **farmaguia.net**.

Si vous devez acheter des médicaments, nous vous conseillons la **Farmacia Francesa** (Carrer Sepúlveda 170, 93 423 10 22, farmaciafrancesa.com), tenue par des Français, où vous trouverez l'équivalence d'un traitement utilisé en France.
Ne réservez les urgences que pour les cas vraiment nécessaires (l'attente y est souvent longue). Certains médecins se déplacent à domicile, votre hôtel vous renseignera. Vous pouvez aussi consulter Christophe Allard, médecin généraliste et pédiatre francophone dont le cabinet se trouve en centre-ville (Calle Aribau, 18, 933 011 153 ou 606 575 656).

URGENCES

Appelez :
- le **092** pour la police municipale,
- le **112** en cas d'accident, agression ou toute autre situation de détresse. Il s'agit du numéro d'urgence européen.

PERTE OU VOL

Le vol à la tire est malheureusement monnaie courante à Barcelone, principalement autour des monuments touristiques, mais aussi sur la plage, dans le métro ou même dans les restaurants ! Soyez donc extrêmement vigilants. Évitez les sacs à dos, conservez votre sac sur vos genoux dans les bars et les restaurants, à la plage ne laissez pas vos affaires sans surveillance. Si malgré ces précautions vous êtes victime d'un vol, rendez-vous à la police municipale située au sous-sol de la Plaça de Catalunya et contactez le consulat de France situé juste à côté (Ronda Universitat, 22).

Où est passé mon enfant ?
Donnez à l'ado ou accrochez autour du cou de l'enfant une carte avec votre adresse locale et votre numéro de téléphone portable sans le 0. Ex. : Pour le 06 xx xx xx xx en France, écrivez +33 6 xx xx xx xx.

Réponses aux jeux de piste

Regardons si vous avez trouvé toutes les bonnes réponses.

Du Barri Gòtic à la Plaça Catalunya (p. 80)

1. MLXXXII – MCXXXI (ce qui correspond aux dates suivantes : 1082-1131)
2. 14 marches
3. Salida, qui veut dire "sortie"
4. Une licorne
5. Il y a 4 colonnes
6. Viñas
7. Il s'agit d'un clin d'œil au service de la poste de l'époque, qui aurait dû être rapide comme une hirondelle et qui ,en réalité, était lent comme une tortue !
8. Des oies
9. Le lion
10. Une sainte
11. Hébreu
12. Sant Jordi
13. Latin
14. Un pin
15. 1877
16. Des churros
17. Le cheval

De la Rambla au Passeig de Gràcia (p. 86)

1. Calderón, Mozart, Rossini, Moratin
2. Bleu, rouge et jaune
3. Un parapluie
4. En 1820
5. Josep
6. Des fleurs
7. Le dragon
8. Trencadís
9. Catalogne
10. Orange
11. Modernisme
12. Dragons
13. Elle se trouve entre les deux portes d'entrée
14. À des squelettes
15. Gaudí

LES PREMIERS MOTS

Oui : Sí
Non : No
Merci : Gracias
S'il vous plaît : Por favor
Pardon, excusez-moi : Perdón, perdone
Bonjour : Hola, buenos días
Au revoir : Hasta luego, adiós
À bientôt : Hasta pronto
Bon après-midi, bonsoir : Buenas tardes
Bonsoir, bonne nuit : Buenas noches
Je ne comprends pas : No entiendo
Comment dit-on en espagnol… ? : ¿ Cómo se dice en español ?
Je : Yo
Nous : Nosotros

Il : Elw
Elle : Ella
Tu : Tu
Vous : Usted *(vous de politesse)*, Vosotros *(pluriel de tu)*
Ils, Eux, Elles : Ellos, Ellas
Comment allez-vous ? : ¿ Qué tal ?
Bien, bon : Bien, bueno
Mal, mauvais : Mal, malo
C'est bon : Está bueno, está rico
Femme, épouse : Esposa
Mari : Marido, esposo
Fille : Hija
Fils : Hijo
Mère, maman : Madre, mamà
Père, papa : Padre, papà
Ami : Amigo

SHOPPING

Combien ça coûte ? : ¿ Cuánto cuesta/vale ?
C'est trop cher : Es demasiado caro
Moins cher : Más barato(a)
Qu'est-ce que c'est ? : ¿ Qué es ésto ?
Je l'achète : Lo compro
Je voudrais acheter : Quisiera comprar
Avez-vous… ? : ¿ Tiene usted… ?
Acceptez-vous les cartes de crédit ? : ¿ Puedo pagar con tarjeta ?
Ouvert : Abierto
Fermé : Cerrado
Plus grand : Más grande
Plus petit : Más pequeño
Je voudrais un paquet cadeau : Quisiera envolverlo para regalo

AU RESTAURANT

Petit déjeuner : Desayuno
Déjeuner : Almuerzo
Dîner : Cena
Végétarien : Vegetariano
J'ai faim : Tengo hambre
J'ai soif : Tengo sed
L'addition, svp : La cuenta, por favor
Chaud : Caliente
Froid : Frío
Un peu : Un poco
Beaucoup : Mucho
Bien cuit : Bien hecho, bien cocido
Saignant : Poco hecho, poco cocido
À point : Al punto
Bière : Cerveza
Bœuf : Buey
Café : Café
Chocolat : Chocolate
Confiture : Confitura, mermelada
Crevettes : Gambas
Eau plate : Agua mineral sin gas
Eau gazeuse : Agua con gas
Fruit : Fruta
Frites : Patatas fritas
Glace : Helado
Glaçons : Cubitos de hielo
Jambon : Jamon
Jus : Zumo

Lait : Leche
Légumes : Verduras
Œufs : Huevos
Pain : Pan
Poisson : Pescado
Poivre : Pimienta
Pommes de terre : Patatas
Porc : Cerdo
Poulet : Pollo
Salade : Ensalada
Sandwich : Bocadillo
Sel : Sal
Sucre : Azúcar
Thé : Tè
Veau : Ternera
Viande : Carne
Vin : Vino

SE DÉPLACER

Où est... ? : ¿Donde está... ?
Billet : Billete
Quel est le prix du billet ? : ¿Cuánto cuesta el billete ?
Train : Tren
Autobus : Autobús
Métro : Metro
Aéroport : Aeropuerto
Gare : Estación de tren
Station de métro : Parada de metro

À L'HÔTEL

Départ : Salida
Arrivée : Llegada
Chambre : Habitación
Réservation : Reserva
Complet : Completo
Calme : Tranquilo(a)
Étage élevé : Piso superior
Rez-de-chaussée : Planta baja
Chambre communicante : Habitaciones interconectadas
Petit déjeuner inclus : Desayuno incluido
Lit supplémentaire : Cama supletoria
Lit pour bébé : Cuna
Gratuit : Gratuito, gratis
Ascenceur : Ascensor

SE REPÉRER

À droite : A la derecha
À gauche : A la izquierda
Tout droit : Todo recto
En haut : Arriba
En bas : Abajo
Loin : Lejos
Près, proche : Cercano
Long : Largo
Court : Corto
Carte : Mapa
Information touristique : Información turística
Musée : Museo
Banque : Banco
Distributeur d'agent : Cajero automático
Poste de police : Comisaría de policía
Docteur : Médico
Pharmacie : Farmacia
Hôpital : Hospital
Magasin : Tienda
Restaurant : Restaurante
Toilettes : Servicios
Entrée : Entrada
Sortie : Salida
Rue : Calle (Carrer, en catalan)
Place : Plaza (Plaça, en catalan)
Piscine : Piscina
Port : Puerto
Plage : Playa (Platja, en catalan)

HEURE ET DATE

Quelle heure est-il ? : ¿Qué hora es ?
Jour : Día
Semaine : Semana
Mois : Mes
An, Année : Año
Lundi : Lunes
Mardi : Martes
Mercredi : Miércoles
Jeudi : Jueves
Vendredi : Viernes
Samedi : Sábado
Dimanche : Domingo
Aujourd'hui : Hoy
Hier : Ayer
Demain : Mañana

Index

Crédits iconographiques

GUIDE

Photos

Abadia de Montserrat p.77(b, c, d); Aditya Karnad p.87(b); Agnieszka Baranowska p.22(e); Anssi Koskinen p.76(a); Antonio Tajuelo p.65(c); Barbara Eckstein p.46(a); Beckstei p.42(a); Bürkur SigurbjÜrnsson p.75(b), 90(a); Bortes Cristian p.17(c); Casa Batllù S.L.U. p.47(c, d); Cécilia p.65(b); Dark Botxy p.25(d, e); Dave Hamster p.63(a); Dave Lonsdale p.22(b); David Berkowitz p.21(f), 24(f), 39(c); David Blaikie p.16(e), 43(c); Dg75 p.32(c), 33(a); Eyescream and Friends p.107(a); FaceMePLS p.39(b); Fotologic p.39(a); Francisco Diez p.11(d), 24(e), 57(a); Gaudí Experiència p.67(c); Golondrinas p.59(f); Heidi De Vries p.23(a); Heralder p.7(a), 9(a); Honeyboy Martin p.35(c); Humberto Moreno p.74(b); Ira Smirnova p.23(d); Ivan Mlinaric p.22(c); Jason Paris p.26(a); Jaume Meneses p.51(b); Joan Ggk p.50(b); John Clift p.40(a); Jon Mountjoy p. 5(f), 16(c), 66(c); Jordi Mota p.35(b); Jose De Liencres p.31(d); Karell Martinez p.13(b); Katherineprice p.84(a); Kom bo p.21(b); Ibalaguero p.12(a); Loïc Chauvin p.10(a), 16(b), 20(e), 27(c), 31(a), 32(b), 48(b), 56(a), 58(b), 59(a, c), 62(b), 71(a, b), 73(d), 78(c), 87(d), 119(c), 132(c); Manuel Martín p.90(c); Maria Rosa Ferre p.74(c); Mikael Leppa p.80(e); Mike Licht p.35(a); Museu d'Historià Catalunya p.63(b); Museu de la Xocolata p.38(c); Museu Frederic Mares p.30(a); Museu Nacional d'Art de Catalunya (MNAC) p.23(f); Nacho Pintos p.71(d); Nico Vivi p.24(a); Oh-Barcelona.com p.21(h), 49(b), 57(c), 80(b), 82(c), 85(b); Pedrera Pau Fabregat p.46(b); Petites experiències fotogràfiques p.33(c); Pierre Phaneuf p.80(c); Poble Espanyol p.55(b); Port Aventura p.76(b, d); Procsilas Moscas p.91(c); Raül Utrera p.6(c), 13(c); Rollofunk p.80(f); Sagrada Familia p.43(b); Sarah Parot p.83(a), 84(c), 85(a), 87(c); Seung-won Kim p.78(e); Sharon Mollerus p.51(c); Son of Groucho p.17(b), 26(b), 67(a); Steve Jurvetson p.12(d); SteveR p.55(c); Syvwlch p.49(d); Tania Cataldo p.73(b); Tibidabo p.73(c); Tobias Mandt p.91(b); Trioptikmal p.4(d); Verity Cridland p.34(a); Visentico-Sento p.78(b); Wenjie Zhang p.66(a); WikiMapa p.41(c); Xavi Padro S. p.54(a); Xlibber p.75(c); Yonolatengo p.20(c); Zoo de Barcelona p.40(b);

Fotolia: 1xpert p.23(g); A. Drean p.25(c); A9luha p.7(c), 20(b), 27(a); Africa Studio p.62(d), 101(b); Airi Pung p.49(a); Alain Wacquier p.5(c), 123(b); Albert Ziganshin p.48(a); Aleksandar Jocic p.122(b); Altanaka p.135(a); Anadel p.83(d); Anatoliy Samara p.122(a); Andersphoto p.83(c); Andreas Meyer p.58(a); Andres Rodriguez p.110(a); Andrey Arkusha p.38(a); Andy-pix p.79(c); Ankomando p.75(a); Anky p.6(b); Anky Hd p.43(a); Antonbrand p.47(a); António Duarte p.108(c); Anyka p.111(b); Asiln p.140(c); Ayzek p.133(a), 141(a); Balint Radu p.133(d); Barbara Helgason p.114(a); Benamalice p.101(a); Brad Pict p.108(b), 133(e); Bröc p.4(b); By studio p.86(b); CercleStaffNotation TopView p.89(a); Christophe Boisson p.8(c); Claudia Paulussen p.112(a); Cook Inspire p.92(e); Cristovao31 p.57(b); Crom p.94(d), 97(c); Dan Kosmayer p.31(c); DedMazay p.24(c), 30(d), 81(a, c); Deklofenak p.24(b); Deyan Georgiev p.139(a); Dimdimich p.80(a, d); Dmitry p.72(b); Dp3010 p.110(b); Drimi p.5(e), 64(c); Dron p.128(a); Dulsita p.109(c); Duncan Noakes p.25(f); Electriceye p.120(c); Elena Schweitzer p.104(a); Eléonore H. p.5(a); Emer p.71(c); Eric Isselée p.39(d); Erica Guilane-Nachez p.64(a), 82(d); Evgeniya M. p.89(b); Fred34560 p.93(c); Gekaskr p.62(c), GM p.119(b); Gouraud Studio p.21(d), 109(e), 111(a); Grecaud Paul p.112(b); HaywireMedia p.70(c); Idesign2000 p.21(e); Igor Dutina p.33(b); Ildi p.102(a); Ilike p.127(a); Ilya Akinshin p.79(b); Imagesab p.88(a); Inna Felker p.3(d); Jacek Chabraszewski p.23(c), 64(b); JackF p.117(a); Jakub Krechowicz p.109(b); Jasmin Merdan p.21(g); Jeanette Dietl p.130(a); Jennyb79 p.109(d); Jeremy Tamisier p.22(a); Jessica Blanc p.13(a); Jiri Hera p.70(b); Johan Larson p.81(b); Julien Tromeur p.87(a), 120(b); Jürgen Fälchle p.71(e); Kalabukhava Iryna p.132(e); Karelnoppe p.42(b); Karramba Production p.70(a); KarSo p.140(d); KarSol p.12(b); Katerina Cherkashina p.88(b); Katrin Timoff p.73(a); Klikk p.78(d); Laufer p.82(a); Lily p.59(b, d); Lordalea p.12(c); LosRobsos p.54(b); Lucian Milasan p.41(b), 88(c); Lucky Dragon p.92(d); Lunamarina p.94(b); Lynea p.11(a); M. Yulia p.121(a); Macky Ch. p.83(b); Maridav p.140(a); Mariia Pazhyna p.55(a); Mariusz Blach p.90(d); Markcarper p.124(b); Marzanna Syncerz p.25(a); MasterLu p.3(b), 4(c), 32(a), 66(b), 67(b); Matamu p.20(d); Matteocozzi p.91(a); Mihai Bogdan Laza p.62(a); Mistercrude p.141(b); Monkey Business p.102(b); Monticellllo p.119(a), 120(d); Moreno Novello p.97(a); Nati p.20(a); Nito p. 8(b), 117(b), 140(b), 85(c), 93(a), 97(b); Oksun70 p.22(d), Olga Ekaterincheva p.79(d); Oni p.41(a); Opicobello p.56(d), 65(a); Paolopagani p.74(a); Paul Fleet p.141(d); Pavel Siamionov p.47(b); Photo-K p.50(a); Photocrew p.38(b); Picsfive p.86(d); Pixelbliss p.98(a); Pla2 p.21(c); Pressmaster p.11(c), 137(a); Raptorcaptor p.4(f), 92(b), 98(b); Real Illusion p.8(d), 63(c); RealPhotolaly p.121(c); Ricard Bernadù p.27(b); Robert Wilson p.92(c); Ruslan Semichev p.141(c); Sattapapan Tratong p.40(c); Senoldo p.25(b); Sergey Nivens p.72(a); Sergeypykhonin p.7(d), 9(b); Sergio Martínez p.92(f), 95(b); Sergiy Bykhunenko p.34(b); Sjhuls p.56(c); Smileus p.13(d); Solovyova p.108(e); Somatuscani p.3(c), 64(d); Stanislav Komogorov p.59(e); Steve Young p.77(a); Tan4ikk p.84(b), 89(d); Tatyana Gladskih p.11(b); Teracreonte p.31(b); Tetyana p.10(c); Toniflap p.94(c); Tsach p.22(f); Tuja66 p.82(b); Tupungato p.86(a); Unclesam p.30(b), 108(d); Ungor p.90(b); Uschi Hering p.23(b); Verzh p.20(f); Vitas p.89(c); Wojciech Kusiak p.138(a); Xalanx p.78(a); Yanlev p.5(d), 131(a); Yuri Arcurs p.23(e), 76(c), 93(d); Zakharchenko p.48(c); Zentilia p.79(a);

Ilustrations

Lilibé couverture, 3(e), 6(a), 8(a), 16(a), 24(d), 92(a), 94(a), 108(a), 120(a), 132(a); Christian Darde p.4(e), 5(b), 7(b), 16(d), 17(a), 21(a), 93(b), 109(a), 121(b), 133(c); François Loudenot p.3(a), 4(a), 10(b), 27(d), 30(c), 49(c), 51(a), 54(c), 95(a), 96(a), 110(c), 121(a, d), 123(a), 124(a), 132(b), 133(b), 134(a), 136(a);

LIVRET ENFANTS

Photos

ComVπnicaTl p.21(b), Jaume Meneses p.21(e), Jon Mountj p.20(c), Loïc Chauvin p.21(c); Museu d'Historià Catalunya p.20(e); Oh-Barcelona p.21(a); Oxlock édito; Poble Espany p.20(f); Torres Puy p.20(d), Zoo de Barclona p.21(d).
Fotolia: Jisin p.1(a), 22(a), 23(a), 4e de couverture; Maste p.4(c), 20(b); Ray p.19(b).

Ilustrations

Lilibé couverture, édito, p.1(b), 2(a), 3(a), 5(b, c, d, e, f, g), 15(a), 16(c, d), 17(c), 19(c), 25(b), 4e de couverture; François Loudenot, couverture, édito, p.4(a), 5(a), 6(b, c), 7(b, c), 16(a, b), 17(a, b), 18(a, b), 19(a), 20(a), 24(a); Mel Nachi p.4(b), 6(a), 7(a), 10(a), 13(a, b, c), 25(a).